中国人最易读错的常用字

杜永道　著

商務印書館国际有限公司

中国 · 北京

图书在版编目(CIP)数据

中国人最易读错的常用字 / 杜永道著 . — 北京 : 商务印书馆国际有限公司, 2015.7(2021.9 重印)

ISBN 978-7-5176-0159-3

Ⅰ. ①中… Ⅱ. ①杜… Ⅲ. ①汉字-错别字-辨别-文集 Ⅳ. ①H124.1-53

中国版本图书馆 CIP 数据核字(2015)第 133676 号

ZHONGGUOREN ZUI YI DU CUO DE CHANGYONGZI

中国人最易读错的常用字

著　　者 杜永道
出版发行 商务印书馆国际有限公司
地　　址 北京市朝阳区吉庆里 14 号楼
佳汇国际中心 A 座 12 层
邮　　编 100020
电　　话 010-65592876(编校部)
010-65598498(市场营销部)
网　　址 www.cpi1993.com
印　　刷 北京中科印刷有限公司
开　　本 787mm×1092mm 1/32
字　　数 140 千字
印　　张 6.5
版　　次 2021 年 9 月第 1 版第 7 次印刷
书　　号 ISBN 978-7-5176-0159-3
定　　价 13.80 元

序　言

十年来我在几家报纸上开设专栏,回答读者的语言文字问题。其中有些是字音问题。这些问题由于来自群众,颇具普遍性。应商务印书馆国际有限公司编辑之约,我把这些问题集结起来,编纂为一册付梓。

在讲解字音时,我尽量做到通俗易懂,多举例子,以便于读者掌握,有的还介绍了相关知识。介绍有关字音的知识时侧重常用性。常用且易混的,多说;生僻或现代不用的字音则少说甚至不说。也就是说,本书侧重于读者的现实应用。

除了汇集回答读者问题的短文之外,还新写了一些。新写篇目的选题多来自群众对央视播音所提出的意见。我因担任中央电视台总编室特约语言文字顾问,所以常见到这类材料。群众提的问题,多具普遍性,因而酌情吸纳若干。

现在各地群众普遍会说普通话,可以说达到了历史上的最好水平。但是有些字,常听人读错。对想说好普通话的播音员、教师、演员、公务员来说,本书会有所助益。

今后我将继续在报纸上回答读者问题。我觉得,对语言文字工作者来说,为社会服务,生活才有意义。

杜永道

目　录

一　ABB 式形容词中 BB 的读法…… 1
二　“阿”的两种读音 …… 2
三　“挨”在“挨着坐”和“挨到天亮”中的读音 …… 3
四　“谙”“铵”“胺”怎么读 …… 4
五　“拗”在“违拗”和“真拗”中的读音 …… 5
六　“稗官野史”的“稗”读 bài，不读 bì …… 6
七　“宝藏”和“矿藏”中“藏”的读音 …… 6
八　“堡”在地名中的读音 …… 7
九　“曝光”中“曝”的读音 …… 8
一〇　“背包”的读音 …… 9
一一　“奔”读一声 bēn 和读四声 bèn 意思不同…… 10
一二　“绷得紧紧的”的两种读法 …… 11
一三　“薄”在“薄壳结构”中怎么读…… 12
一四　“匕首”的“匕”读三声 bǐ，不读四声 bì …… 14
一五　“便”的两种读音 …… 14
一六　“殡”读四声 bìn，不读一声 bīn …… 15
一七　“屏”在“屏除杂念”中的读音…… 16
一八　“柏”在“柏拉图”中的读音…… 17
一九　“泊”在“门泊东吴万里船”和“罗布泊”中的读音…… 18

二〇　“簸”在“颠簸”中读三声 bǒ，不读四声 bò …………… 19
二一　“嘈杂”的“嘈”怎么读 ………………………………… 20
二二　“草丛”的“丛”怎么读 ………………………………… 21
二三　“差”有四个读音 ……………………………………… 21
二四　“裳”在“霓裳”中读 cháng，不读 shāng ………… 22
二五　“场”在“一场风波”中怎么读 ……………………… 23
二六　“唱片”中的“片”读第几声 ………………………… 24
二七　“陈寅恪”的“恪”怎么读 …………………………… 24
二八　“谌”做姓氏怎样读 ………………………………… 25
二九　“称”在“称职”“称心如意”中的读音………………… 25
三〇　“炽热”的“炽”读 chì，不读 zhì ……………… 26
三一　“臭”在“铜臭”中的读音 …………………………… 27
三二　“处”在“处理”“处女”中的读音……………………… 28
三三　“创”在“创伤”“重创”中的读音……………………… 29
三四　“撮”在“一撮头发”中读 zuǒ ……………………… 30
三五　“大大咧咧”等词的读法 …………………………… 31
三六　“大腹便便”中的“便便”读 piánpián，不读 biànbiàn … 32
三七　“呆板”怎样读 ……………………………………… 33
三八　“逮”在“逮住”“逮捕”中的读音……………………… 34
三九　“当年”的两种读音 ………………………………… 34
四〇　“档案”的“档”读四声 dàng，不读三声 dǎng ……… 36
四一　“地方”的两种读音和意思 ………………………… 37
四二　“调配”的两种读音和意思 ………………………… 38
四三　“度”在“揣度”中读音 ……………………………… 39
四四　“嗯”应该怎么读 …………………………………… 40

四五　“儿”的几种读法 …… 41
四六　“坊”在“牌坊”中怎么读 …… 43
四七　“绯闻”的“绯”怎么读 …… 44
四八　“菲薄”“芳菲”中“菲”的不同读音 …… 44
四九　“拂面”“拂袖”中的“拂”读 fú，不读 fó …… 45
五〇　“脯”在“果脯”中读 fǔ，不读 pǔ …… 46
五一　“噶”在“准噶尔盆地”中的读音 …… 47
五二　“盖”做姓氏时怎么读 …… 47
五三　“杆”的两个读音 …… 48
五四　“扛鼎之作”的“扛”怎么读 …… 49
五五　“胳肢”“胳肢窝”中“胳”的不同读音 …… 50
五六　“更”在“打更”“深更半夜”中的读音 …… 50
五七　“供”在“供应”“供认”中的读音 …… 51
五八　“勾当”的“勾”怎么读 …… 52
五九　“呱”在“呱呱坠地”和“蛙声呱呱”中的不同读音 …… 52
六〇　“骨头”的读法 …… 53
六一　“冠心病”“花冠”中的“冠”怎么读 …… 54
六二　“汗”在“可汗”中读二声 hán …… 55
六三　“荷”在“荷枪实弹”中的读音 …… 56
六四　“哼”有几个读音 …… 57
六五　“横”在“横加”跟“横财”中读音不同 …… 58
六六　“红”(hóng)在“女红”中读 gōng …… 60
六七　“哄”在“一哄而起”中的读音 …… 60
六八　“划”在“划出一道美丽的弧线”中怎么读 …… 61
六九　“华”在“华山”中读四声 huà，不读二声 huá …… 63

七〇　“晃”在“在我眼前一晃”中的读音 …… 64
七一　“会”“桧”“刽”的读音 …… 65
七二　“诲”只读四声 huì，不读三声 huǐ …… 65
七三　“混”读四声 hùn，读二声 hún 时宜写成“浑” …… 66
七四　“和泥”跟“和稀泥”中“和”的读音 …… 67
七五　“藉”在“狼藉”“慰藉”中的不同读音 …… 68
七六　“几”在“几乎”中读一声 jī …… 69
七七　“奇数”的“奇”读 jī，不读 qí …… 70
七八　“济”在“济南”“济州岛”中的读音 …… 71
七九　“脊梁”中的“脊”读三声 jǐ，不读二声 jí …… 72
八〇　“夹”在“夹击”“夹衣”中的不同读音 …… 72
八一　“戛”在“戛然而止”“戛纳”中的读音 …… 73
八二　“间”在“间隔”“当间儿”中的读音 …… 74
八三　江姐的名字“江竹筠”怎么读 …… 75
八四　“酵母”“发酵”中的“酵”读 jiào …… 75
八五　“结”的两个读音怎么读 …… 76
八六　“尽”在“尽量”中的两种读音 …… 76
八七　“劲”在“强劲”中的读音 …… 78
八八　“禁”在“不禁”中读一声 jīn，不读四声 jìn …… 78
八九　“颈椎”的“颈”读三声 jǐng，不读四声 jìng …… 79
九〇　“灸”读三声 jiǔ，不读一声 jiū …… 80
九一　“咎由自取”中的“咎”读四声 jiù，不读一声 jiū …… 80
九二　“绢”读四声 juàn，不读一声 juān …… 81
九三　“角斗”的“角”怎么读 …… 81
九四　“倔”单说时读四声 juè，在“倔强”中读二声 jué …… 82

九五　“菌种”的“菌”怎么读 …………………………………… 83
九六　“卡”在“弹壳儿卡住了”中的读音 ……………………… 84
九七　“槛”在“门槛”中读 kǎn，在“曲槛”中读 jiàn ……… 85
九八　“壳”在“躯壳”中的读音 ………………………………… 86
九九　“坷”在“坎坷”中读三声 kě，不读一声 kē ………… 87
一〇〇　“溘然长逝”中的“溘”读 kè，不读 hé ………… 88
一〇一　“空地”“空缺”中的“空”读四声 kòng，不读一声 kōng …………………………………………………… 88
一〇二　“夸父逐日”中的“夸”读一声 kuā，不读四声 kuà … 89
一〇三　“乐”在“不亦乐乎”中读 lè，不读 yuè ………… 90
一〇四　“勒令”中的“勒”读四声 lè，不读一声 lē ……… 90
一〇五　“累”在“累累”中的两种读音 ……………………… 91
一〇六　“莅临指导”中的“莅”读 lì，不读 wèi ………… 92
一〇七　“殓”读四声 liàn，不读三声 liǎn ………………… 93
一〇八　“量”在“量身定做”中的读音 ……………………… 93
一〇九　刘禅的“禅”怎么读 …………………………………… 94
一一〇　“弄堂”的“弄”读 lòng，不读 nòng ……………… 95
一一一　“镂空”的“镂”读四声 lòu，不读二声 lóu ……… 96
一一二　“掠夺”的“掠”读四声 lüè，不读三声 lüě ……… 96
一一三　“落”在“落得个身败名裂”中的读音 ……………… 97
一一四　“埋怨”的“埋”读 mán，不读 mái ……………… 98
一一五　“蔓”在“枝蔓”中的读音 …………………………… 99
一一六　“毛茸茸”怎样读 …………………………………… 100
一一七　“闷”在“闷罐车”中的读音 ……………………… 100
一一八　“焖面”“焖羊肉”的“焖”怎么读 ………………… 102

一一九　“靡”在“风靡一时”中的读音 …………………… 102
一二〇　“酩酊”的“酊”读三声 dǐng，不读一声 dīng …… 103
一二一　“蓦然”的“蓦”读 mò，不读 mù ……………… 104
一二二　“模样”的“模”怎么读 ………………………… 104
一二三　“捺”在“按捺”中读 nà，不读 nài ………… 105
一二四　“难”在“排忧解难”中的读音 ……………… 105
一二五　“讷”字在人名中能读 nà 吗 ………………… 106
一二六　“拈花惹草”中的“拈”读 niān，不读 zhān ……… 107
一二七　“拧下来”的“拧”怎么读 ……………………… 107
一二八　“宁缺勿滥”“宁死不屈”中的“宁”读四声 nìng，
不读二声 níng ……………………………………… 109
一二九　“泞”在“泥泞”中读四声 nìng，不读二声 níng … 110
一三〇　“牛腩”的“腩”怎么读 ………………………… 111
一三一　“呕心沥血”的“呕”读三声 ǒu，不读一声 ōu …… 112
一三二　“胖”在“心广体胖”中的读音 ……………… 113
一三三　“庖厨”“越俎代庖”的“庖”读 páo，不读 bāo … 114
一三四　“炮制”的“炮”读二声 páo，不读四声 pào ……… 115
一三五　“朋友”怎么读 …………………………………… 116
一三六　“否极泰来”“臧否”中的“否”读 pǐ ………… 117
一三七　“癖好”的“癖”读三声 pǐ，不读四声 pì ……… 117
一三八　“片”在“影片”“片子”中读音不同 ………… 118
一三九　“剽悍”“剽窃”中的“剽”怎么读 …………… 120
一四〇　“骠骑将军”跟“黄骠马”中的“骠”怎么读 ……… 120
一四一　“嫔妃”的“嫔”读 pín，不读 bīn ………… 121
一四二　“仆仆”读 púpú，不读 pǔpǔ ………………… 121

一四三 “祈福”的“祈”读二声 qí,不读三声 qǐ …………122
一四四 “稽首”中的“稽”读 qǐ …………123
一四五 “气氛”“氛围”怎么读 …………123
一四六 “潜”读二声 qián,不读三声 qiǎn …………124
一四七 “强”在“强迫”中的读音 …………125
一四八 “悄”在“悄然”中的读音 …………125
一四九 “锲而不舍”的“锲”读 qiè,不读 qì …………126
一五〇 “顷”读三声 qǐng,不读一声 qīng …………127
一五一 “曲阜”应该怎样读 …………127
一五二 “绕”只读四声 rào,不读三声 rǎo …………128
一五三 “稔熟”的“稔”读 rěn,不读 niǎn …………129
一五四 “塞”在“顿开茅塞”“要塞”中的读音 …………130
一五五 “散”在“广陵散”中的读音 …………130
一五六 “丧事”“丧葬”的“丧”读一声 sāng,不读四声 sàng …………131
一五七 “舍利”的“舍”读四声 shè,不读三声 shě …………132
一五八 “拾级而上”的“拾”怎么读 …………134
一五九 “莘莘学子”中“莘”的读音 …………135
一六〇 “胜”在“高处不胜寒”中怎么读 …………136
一六一 “折本”中“折”的读音 …………136
一六二 “什刹海”中的“什”“刹”怎么读 …………138
一六三 “士大夫”应当怎样读 …………138
一六四 “似的”中的“似”读 shì,不读 sì …………139
一六五 “熟”在“娴熟”中读 shú,不读 shóu …………140
一六六 “腧”跟“膻”的读音 …………141

一六七　“说服”怎么读 …… 142
一六八　“松赞干布”中的“干”怎么读 …… 142
一六九　“宿”在“整宿”中的读音 …… 143
一七〇　“遂”在“毛遂自荐”中的读音 …… 144
一七一　“拓片”的“拓”读 tà,不读 tuò …… 145
一七二　“苔”在“绿苔”中的读音 …… 146
一七三　“剔除”的“剔”读一声 tī,不读四声 tì …… 146
一七四　“恬不知耻”的“恬”读二声 tián,不读三声 tiǎn …… 147
一七五　“提”在“提防”中读 dī …… 148
一七六　“帖”在“请帖”“字帖”中的读音 …… 148
一七七　“吐痰”“吐血”中的“吐”读音不同 …… 149
一七八　“饨”在“馄饨”中读轻声 tun,不读 dun …… 150
一七九　“外埠”的“埠”读 bù,不读 fù …… 150
一八〇　“惟妙惟肖”的“肖”怎么读 …… 151
一八一　“为民服务”和“为民所用”中“为”的读音一样吗 …… 152
一八二　“为之一振”的“为”怎么读 …… 152
一八三　“侮辱”的“侮”读三声 wǔ,不读一声 wū …… 153
一八四　“系”在“解铃还须系铃人”中的读音 …… 154
一八五　“下载”的“载”怎么读 …… 155
一八六　“纤细”的“纤”读 xiān,不读 qiān …… 156
一八七　“鲜”在“屡见不鲜”“鲜卑”中的读音 …… 156
一八八　“肖像”“生肖”中的“肖”读四声 xiào,不读一声 xiāo …… 157
一八九　“削”在贺敬之诗句“鬼门削”中怎么读 …… 158
一九〇　“校”在“校长”中的两种读音 …… 159

一九一　“解数”中“解”的读音 …………………… 160
一九二　“兴”在“兴奋”中的读音 …………………… 161
一九三　“眩目”“眩晕”的“眩”读四声 xuàn，不读二声 xuán …………………… 162
一九四　“渲染”的“渲”读四声 xuàn，不读一声 xuān …… 162
一九五　“穴位”的“穴”读二声 xué，不读四声 xuè ……… 163
一九六　“压根儿”的“压”读四声 yà，不读一声 yā ……… 164
一九七　“燕”在“燕赵”中怎么读 …………………… 164
一九八　“烊”在“打烊”中读四声 yàng，不读二声 yáng … 165
一九九　“掖”在“掖被子”“奖掖”中的不同读音 ………… 166
二〇〇　“一食或尽粟一石”中的“石”怎么读 ………… 166
二〇一　“谊”在“略尽地主之谊”中怎么读 …………… 167
二〇二　“殷实”“殷红”中“殷”的不同读音 …………… 168
二〇三　“饮马”的“饮”读四声 yìn，不读三声 yǐn ……… 169
二〇四　“荫及子孙”的“荫”怎么读 ………………… 170
二〇五　“应声”的两种读音和意思 ………………… 170
二〇六　“莠”在“良莠不齐”中读三声 yǒu，不读四声 yòu …………………… 172
二〇七　“隅”（用于“负隅顽抗”等）读二声 yú，不读三声 yǔ …………………… 172
二〇八　“与会”“参与”中的“与”读四声 yù，不读三声 yǔ …………………… 173
二〇九　“跃”（用于“欢呼雀跃”等）读 yuè，不读 yào …… 173
二一〇　“晕”什么时候读四声 yùn ………………… 174
二一一　“载”在“载人航天工程”中的读音 …………… 174

二一二　“咋舌”中“咋”的读音 …………………………………… 176
二一三　曾参、曹参、岑参 三人名字中的“参”怎么读 …… 177
二一四　“憎恨”的“憎”读一声 zēng，不读四声 zèng …… 178
二一五　“札记”的“札”读二声 zhá，不读一声 zhā ……… 178
二一六　“择席”中“择”的读音 …………………………………… 179
二一七　“涨”在“热情高涨”中的读音 ………………………… 180
二一八　“着(zháo)地”还是“着(zhuó)地” ………………… 181
二一九　“召集”的“召”读四声 zhào，不读一声 zhāo …… 182
二二〇　“蜇”在“蜇了一下”“海蜇”中的不同读音 ……… 183
二二一　“挣”在“挣脱”中的读音 ……………………………… 184
二二二　“症”在“症结”中的读音 ……………………………… 185
二二三　“只”在“只身一人”中的读音 ………………………… 186
二二四　“中间”的“间”怎么读 ………………………………… 187
二二五　“中规中矩”的读音和意思 …………………………… 187
二二六　“轴”在“压轴戏”中读四声 zhòu，不读二声 zhóu …………………………………………………… 188
二二七　“伫立”的“伫”读 zhù，不读 chù ………………… 189
二二八　“筑”做贵阳别称时怎么读 …………………………… 190
二二九　“转”在“转动”中的两种读音 ………………………… 191
二三〇　“拙劣”的“拙”读一声 zhuō，不读二声 zhuó …… 192
二三一　“琢磨”的两个读音各表什么意思 ………………… 192
二三二　“子”是多音字吗 ……………………………………… 193

一　ABB 式形容词中 BB 的读法

有人问“沉甸甸”“红彤彤”这两个 ABB 式词语中的 BB 怎么读。

单音节形容词常有叠音后缀，例如“红彤彤”。一般把这种形容词叫“ABB 式形容词”。ABB 式形容词在说普通话时常发生变调，其中的 BB 要变读为阴平。这种情况在北京话里很常见。在普通话里，BB 发生变调的情况没有北京话那么多。我们可以根据《现代汉语词典》(第 6 版)里的注音来确定普通话里 ABB 式形容词是否变调。

在《现代汉语词典》(第 6 版)中，对 ABB 式形容词的注音有三种情况：

1. BB 变读阴平。例如：

(1)“黄澄澄”的注音是 huángdēngdēng。

(2)“文绉绉”的注音是 wénzhōuzhōu。

对这类词语，应当按照该词典的注音，一律读变调，也就是说 BB 要变读阴平。

2. BB 读本调，同时该词典在注音后面的括号内说明口语中变读一声。例如：

(3)“亮堂堂”的注音是 liàngtángtáng，后面括号内说“口语中也读 liàngtāngtāng”。

(4)“热腾腾”的注音是 rèténgténg，后面括号内说“口语中也读 rètēngtēng”。

对这类词语，宜采用词语后的注音，如“亮堂堂”读 liàngtángtáng。但是，如果有人读或注音为变调，也不宜算错。

"沉甸甸""红彤彤"就属于这类词语。

3. BB只读本调。例如:

(5)"赤裸裸"的注音是 chìluǒluǒ。

(6)"金灿灿"的注音是 jīncàncàn。

在教学中,对这类词语宜采用本调读法,如果学生读或注音为变调,则宜算错。

二 "阿"的两种读音

"阿"有两个读音:一个是 ā,另一个是 ē。

"阿"用于指人名词或者人名的时候,一般读 ā。如"阿拉伯人""阿昌族"中的"阿"都读 ā。再举几个有趣的人名:"阿(ā)斗"是三国时蜀国后主刘禅(shàn)的小名,他昏聩(kuì)平庸,后来人们常用"阿斗"来比喻懦弱无能的人;"阿(ā)凡提"是维吾尔族民间传说中的人物,他正义,善良,智慧,幽默,常骑着小毛驴游走四方;"阿(ā)Q"是鲁迅小说《阿Q正传》中的人物;"阿(ā)诗玛"是彝族长诗《阿诗玛》中的主人公,为了追求婚姻自由,与统治者进行了顽强的斗争。

有的地方在"阿"(ā)后加上表亲属的词,构成称谓。如"阿爸""阿妈""阿哥""阿妹""阿婆""阿大"(老大)"阿三"(老三)等。有意思的是,在马来西亚、泰国,"阿弟"不是指亲属,而是指店铺的小伙计。

"阿"表"迎合"的意思时,要读 ē。例如在"阿(ē)谀奉承""阿(ē)其所好""刚直不阿(ē)"中读 ē。表示山、水弯曲的地方时也读 ē。例如,山阿(ē),汾水之阿(ē)。

“阿(ē)房(fáng)宫”是秦代的宫殿,遗址在西安市西郊,相传被项羽焚毁。“阿(ē)胶”是一种中药材,是用驴皮加水熬制而成的胶块儿,因原产于山东的东阿(ē)县,所以叫“阿胶”。“阿(ē)弥陀佛”是从古代印度话音译过来的佛名,也译作“无量寿佛”,是佛教所说的西方世界最大的佛。信佛的人,常口念“阿(ē)弥陀佛”,表示感叹或者感谢佛的保佑。这几个词语中的“阿”都不宜读成 ā。

三 “挨”在“挨着坐”和“挨到天亮”中的读音

“挨”有两种读音:一个是一声 āi,另一个是二声 ái。

如果表示“紧靠”或者“一个接一个”的意思,应读一声 āi。例如:

(1)他走进来,挨着老张坐下。(紧靠)

(2)我家紧挨着学校,上学很方便。(紧靠)

(3)李老师挨家了解学生情况。(一个接一个)

(4)中午吃饭的时候,大家排好队,挨个儿打饭、打菜。(一个接一个)

“同学们一个挨一个地坐着”跟“同学们一个挨一个地发言”中,“挨”的读音虽然相同,都读一声 āi,但意思不同。“挨”在前一句里表示“紧靠”,在后一句里表示“一个接一个”。

“挨”读二声 ái 时,有三个意思:

1. 表示“遭受”。例如:

(5)那时候他还很小,在店里干活经常挨打受骂。

(6)打游击的时候,生活条件很艰苦,挨冻受饿是经常的事儿。

2. 表示"困难地度过"。这时,"挨"含有"忍受"的意味。例如:

(7) 苦日子总算挨过去了。

(8) 天气很冷,屋里没有取暖设备,好不容易才挨到天亮。

3. 表示"拖延(时间)"。例如:

(9) 快点走吧,别再挨时间了。

(10) 他老想跟同学多踢一会儿球,妈妈来了两次电话也不接,挨到下午才回家。

四 "谙""铵""胺"怎么读

"谙"读一声 ān,是动词,意思是"熟悉"。"不谙(ān)水性"是说不熟悉水性。"素谙武功"是说素来熟悉武功。"谙(ān)熟"是"非常了解"的意思。例如:"他非常谙熟当地的风土人情。""老张谙熟商品经营之道。"唐代白居易《忆江南》中说:"江南好,风景旧曾谙。"其中的"谙"也是"熟悉"的意思。

"谙(ān)达"指熟悉人情世故,如"谙达世事"。"谙(ān)练"是"熟悉、熟练"的意思,如"谙练旧事"是说对旧事很熟悉,"谙练骑术"是说骑术很熟练。

"铵"读三声 ǎn,是一种无机化合物,不以游离状态存在,化学性质跟碱离子相似。"氯化铵、硫化铵、硫酸铵"中的"铵"都读三声 ǎn。"碳铵(ǎn)"是氮肥的一种,能够促进农作物的生长。

"胺"读四声 àn,是一种有机化合物,胺类化合物大都具有弱碱性。“苯胺(àn)”是胺类化合物的最重要的代表,是合成染料、药物等的原料。

“三聚氰(qíng)胺(àn)”是一种低毒性化工产品。2008年,某企业生产的奶粉中检测出三聚氰胺,婴幼儿食用含有这种物质的奶粉,会引起泌尿系统疾患。这一事件在社会上引起极大反响。

五 “拗”在“违拗”和“真拗”中的读音

“拗”有三个读音:一个是 ào,另一个是 niù,还有一个是 ǎo。

1.“拗”读 ào 的时候,表示“不顺”或“不顺从”。表示“不顺”的意思时,常见于“拗口”一词。“拗(ào)口”指说起来别扭,不顺口。例如:“这两句话读起来有点拗口,你把它改改吧。”再如《红楼梦》第35回中丫头莺儿说:“我的名字本来是两个字,叫做‘金莺’,姑娘嫌拗口,只单叫‘莺儿’,如今就叫开了。”

“拗”表示“不顺从”的意思时,常见于“违拗(ào)”一词。“违拗”是指不依从上级或尊长的意见。例如:“他觉得,父母之命,是不能违拗的。”再如,冰心在《寄小读者(十二)》里说:“为着兄弟朋友,为着花鸟虫鱼,甚至于为着一本书一件衣服,和母亲违拗争执,当时只弄娇痴。”

2.“拗”读三声 ǎo 时,有“转折,弯转”或“折断”的意思。这种说法有方言色彩。例如,鲁迅在《从百草园到三味书屋》里说:“读到这里,他总是微笑起来,而且将头仰起,摇着,向后面拗过去,拗过去。”这里的“拗”应当读 ǎo,意思是说私塾的老先生读书读到得意的时候，把头向后面仰过去。“把竹竿拗(ǎo)断了”的意思是，把竹竿折断了。

3.“拗”读 niù 时，表示“固执；不随和”。例如：“他的性子真拗(niù)。”“你这拗(niù)脾气什么时候改一改。”“执拗”是“固执”的意思，例如：“她脾气很执拗，听不进别人的劝告。”口语中说的“拗(niù)不过”是说改变不了对方的行动或意见。例如：“他拗(niù)不过老师的一片好意，只好让老师送了一程。”

六 “稗官野史”的“稗”读 bài，不读 bì

“稗子”是稻田常见的杂草，幼苗像稻子。稗子结的籽粒细小，又不是人们食用的谷物，所以人们用“稗”来形容细小、卑微的事物。例如，把古代给帝王讲述街谈巷议、风俗故事的小官称为稗官。后来，人们也把小说、逸闻等称为稗官。“稗官野史”指正史之外，记载逸闻琐事的文字。例如：

(1)你说的这些事儿，恐怕出自稗官野史，不一定是真的。

(2)这些天他闲来无事，在家里读些稗官野史解闷儿。

“稗子”的“稗”读 bài，不读 bì。由“卑”做右偏旁的“奴婢”的“婢”、“裨益”的“裨”等字读 bì，因此人们往往把“稗”误读为 bì。

七 “宝藏”和“矿藏”中“藏”的读音

“宝藏”的“藏”读 zàng，“矿藏”的“藏”读 cáng。这两个词语意思相近，且都是名词，为什么读音不同呢？

“宝藏”的意思是“蕴藏在地下的自然资源，也指储藏的珍宝”。“矿藏”的意思是“地下埋藏的各种矿物的统称”。

按照规范的读音，“宝藏”的“藏”读 zàng，而“矿藏”的“藏”读 cáng。

“宝藏”是偏正结构，这里的“宝”可以理解为珍宝。这里的“藏”为名词义，意思是“储存大量东西的地方”，读 zàng。文言中“藏”有这个意思，例如《史记·平准书》：“山海，天地之藏也。”

“矿藏”是主谓结构，其中的“藏”是动词义，故读 cáng。

在《普通话异读词审音表》中，“藏”有两读：“（一）cáng 矿～（二）zàng 宝～”。徐世荣先生在《普通话异读词审音表释例》（语文出版社，1997 年版）中针对《普通话异读词审音表》中“矿藏”的读音解释说：“‘矿藏’义为矿中所蓄藏，‘藏’为动作性语素，其构词格式为‘主谓式’，非‘并列式’。‘矿藏’的构词犹如‘库存’‘仓储’等，而非如‘仓库、仓廪’之两个名物性语素的组合。”这个解释是很有道理的，有益于我们理解“宝藏”跟“矿藏”中“藏”的读音的不同。

八　“堡”在地名中的读音

“堡”是个多音字。“堡”字在表“军事防御的坚固建筑”的词语如“堡垒”“碉堡”“地堡”“暗堡”“桥头堡”中，以及在表“小城”的词语如“城堡”“古堡”中，读 bǎo。在翻译的外国地名中也读 bǎo，如在“汉堡”“圣彼得堡”“歌德堡”中读 bǎo。

“堡”还读 bǔ，用于地名，例如“吴堡”“瓦窑堡”“柴沟堡”“庞家堡”“惠安堡”“阳明堡”。这类地方原先多是有土围墙的村镇。媒体把“南堡油田”的“堡”读成 bǔ，是正确的。

“堡”也读 pù，也用于地名，例如“五里堡”“七里堡”“十里堡”“二十里堡”。这类地方原先多是古代的驿站。这类地名中的“堡”有的也写作“铺”，例如贺敬之《回延安》中的“柳林铺”。这类地名往往出现于城市附近。

“张家堡”“李家堡”这类地名中的“堡”按说应当读 bǔ，因为这样的地名一般指某姓氏的人较多的村镇，而且，驿站是官方设置的，不会冠以“张家”“李家”。但是有的地方的确把这类地名中的“堡”读成 pù，这或许是方言中由“堡”（bǔ）的读音讹变而来。拿不准时，《汉语拼音〈中华人民共和国地图〉地名索引》（地图出版社）有注音，可资参考。

九　“曝光”中“曝”的读音

“曝”有 pù 、bào 两个读音。

1.“曝”读 pù 时，表“晒”。例如：

（1）切枣曝之，干如脯也。（北魏·贾思勰《齐民要术·种枣》）

（2）庄稼闹虫灾，战士们帮着打虫子，天天雨淋日晒，脊梁曝了层皮。（杨朔《滇池边上的报春花》）

由“曝”组成的词语常见的有“曝晒”“曝露”和“一曝十寒”。“曝晒”指阳光强烈地照射。例如：

（3）经过夏季烈日曝晒，他的脸又黑又红。

（4）皮衣清洗完要挂在阴凉处风干，切忌在日光下曝晒。

“曝露”有书面语色彩，指露在外面。例如：

（5）尸骨曝露于原野之中。

(6)其丑态曝露无遗。

“一曝十寒”出自《孟子》，原指(世上最容易生长的植物)“一日暴之，十日寒之，未有能生者也。”后来字形演变，写作“一曝十寒”，用来比喻一时勤奋，多时偷懒，缺乏恒心，不能坚持。

过去有夏历七月七日“曝(pù)衣”的习俗。就是晒衣服、棉被等，以防虫蛀。唐代的沈佺期有首诗叫《七夕曝衣篇》。“曝衣”即晒衣服。旧时代读书人也有在这一天把书拿出来晒的习俗，称为“曝(pù)书”。

2.“曝”读 bào 的情况较少见，一般仅在“曝光”和“曝丑”两词语中读 bào。“曝光”指照相底片或感光纸感光，或者指把隐秘的事情暴露出来。例如：

(7)过去用胶卷照相，必须注意胶卷不能曝光。

(8)领导干部腐败的事情一旦曝光，在群众中反应很强烈。

“曝丑”是说公开暴露自己的缺点、错误或问题。例如：

(9)我们曝丑的目的，就是促进产品质量的提高。

一〇 “背包”的读音

有人问，“背包”的“背”应当怎么读。

“背包”一词是偏正结构。“背包”的“背”如果读一声 bēi，则为动词，是“用脊背驮”的意思。这时“背包”可以理解为“背着的包”。

“背包”的“背”如果读四声 bèi，则为名词，是“后背”的意思。这时“背包”可以理解为“放在后背上的包”。

“背包”的“背”读一声跟读四声，虽然构词情况有所不同，但“背包”的意思总体上还是相同的，都指后背上背着的包。对部队战士来说，“背包”里常是衣被。

《现代汉语词典》在 2002 年以前的版本中，“背包”中的“背”注音为四声 bèi，而从 2005 年的第 5 版开始，“背包”的“背”注为一声 bēi。据悉，编者曾做了些调查，发现一声的读法更广泛些，于是将“背”调整为一声 bēi。

调整后的读音不仅跟社会上的多数读法相一致，而且跟表示同类物品的“背筐”“背篓”“背囊”等词语中“背”的读音相同，便于人们理解和记忆。同时，也与 1937 年我国第一部现代汉语词典《国语辞典》中“背包”的注音相同。

—— “奔”读一声 bēn 和读四声 bèn 意思不同

有人问，“向着遥远的华山奔去”中的“奔”怎么读。

“奔”表示“奔走；急跑”一类意思时读一声 bēn。例如：

(1) 他背上口袋，飞奔而去。

(2) 他骑上马，一路狂奔，天黑前终于赶到团部。

(3) 这个剧团整年奔波于城乡之间。

(4) 毕业生们决心奔赴祖国需要的地方。

“奔”表示“朝一定目标急走”时读四声 bèn。例如：

(5) 他下了车就奔办公室去了。

(6) 他从酒店出来，直接奔机场而去。

(7) 咱们要拧成一股绳，和衷共济奔小康。

(8) 他顺着小路直奔那座山头。

“向着遥远的华山奔去”，显然是有目标的“急走”，因此这里的“奔”宜读四声 bèn。

就语体色彩而言，读一声的“奔”常出现在书面语色彩的词语中。例如“奔波”“奔驰”“奔赴”“奔忙”“奔跑”中的“奔”读一声。而读四声的“奔”常出现在口语色彩的词语中，例如“奔命”“奔头儿”中的“奔”读四声。另外，“奔”读四声时，单说的情况比较多，而读阴平时，多在词语中充当语素。

一二　“绷得紧紧的”的两种读法

有位小学老师问，《狼牙山五壮士》中有这么一句话：“胡德林和胡福才这两个小战士把脸绷(běng)得紧紧的，全神贯注地瞄准敌人射击。”《我的战友邱少云》中则有这么一句话：“我的心绷(bēng)得紧紧的。这怎么忍受得了呢？”两句中都有“绷得紧紧的”，为什么前一句话的“绷”读三声 běng，而后一句话中的“绷”却读一声 bēng。

《狼牙山五壮士》中的“绷得紧紧的”跟《我的战友邱少云》中的“绷得紧紧的”意思有所不同，因而读音不同。

《狼牙山五壮士》中的“脸绷得紧紧的”中的“绷”读三声 běng，是动词，意思是把笑容收起，使面部表情严肃。也就是说，“绷着脸”是说人板着脸，即表情显出严肃、不愉快的样子或怒容。下面举几个这种用法的例子：

(1)卖猫人绷着脸说道：“怎么是笑话？”(明·西周生《醒世姻缘传》第六回)

(2)老舍把脸一绷，说：“我就是喜欢姓李的！”(冰心《晚晴集·老舍和孩子们》)

(3)他的面孔绷得紧紧的,十分严峻。(周而复《上海的早晨》第三部)

课文中说"胡德林和胡福才这两个小战士把脸绷(běng)得紧紧的,全神贯注地瞄准敌人射击",是描写两个小战士向敌人射击时愤怒的神情。

《我的战友邱少云》中的"绷得紧紧的"中的"绷"读一声bēng,是动词,是"拉紧"的意思。同样的用例如:

(4)把绳子绷直了,晾在上面的衣裳就不会碰到地面了。

(5)把弦儿绷紧了,拉出来的声音才好听。

课文中说"我的心绷(bēng)得紧紧的",是说战友替邱少云担心,心里非常紧张。"心绷(bēng)得紧紧的",是对紧张心态的比喻性描绘。下面是同类的例子:

(6)她那根心弦可是一直绷得紧紧的。(郭澄清《大刀记》第二章)

一三 "薄"在"薄壳结构"中怎么读

薄壳结构是建筑上一种弧形薄膜状的空间结构,一般用于屋盖等。

"薄壳结构"中的"薄"跟"壳"都是文白异读字,即有读书音和口语音的不同。文读时,分别读 bó 、qiào,白读时分别读 báo、ké。"壳"白读时口语中常儿化,读成 kér。

一般地说,在文言词语、成语和结合紧密的合成词中,要文读;单说时要白读,在口语色彩明显的词语中,也白读。例如:

(1)这被子太薄(báo)了,我给你买条厚点儿的吧。

(2)他脸皮有点儿薄(báo)了,不好意思跟人家说。

(3)今天早上我买了一张薄(báo)饼,夹了个茶叶蛋,挺好吃。

(4)他是老北京,喜欢吃薄(báo)脆。

(5)要注意这个问题的薄(bó)弱环节。

(6)这篇文章的内容略显单薄(bó),还需要补充些例证,以增强说服力。

(7)煮熟以后,在凉水里稍微泡一下,鸡蛋壳儿(kér)就好剥了。

(8)小女孩儿在海滩上捡了好几个漂亮的贝壳儿(kér)。

(9)地壳(qiào)是由岩石构成的。

(10)他使了个金蝉脱壳(qiào)的妙计摆脱了特务的跟踪。

(1)(2)的"薄"是单说,所以白读。(3)(4)的"薄"处于口语色彩的词语中,也白读。(5)(6)中的"薄"处于双音词中,故文读。(7)中的"壳"是单说,(8)中的"壳"处于口语色彩的词语中,都白读。(9)中的"壳"处于双音词中,(10)中的"壳"处于成语中,故均文读。

《辞海》(第6版)中有"薄壳结构"这一词条。虽然没有注音,但该词条收录在"薄(bó)"字头里,可见词典的编者认为"薄壳结构"中的"薄"应该读bó。在《辞海》中,"薄壳结构"这一词条排列在"薄媚"词条的前面,据此可以推知,《辞海》认为"薄壳结构"中"壳"的读音是ké而不是qiào。故此,可将"薄壳"读作bóké。

虽然按照上文谈到的文白异读规律，这里的“壳”应当读 qiào，但是“薄壳”“薄壳结构”是专业术语，有自己的习惯读法。我们还是按照这种一般认可的习惯读法读成 bóké 比较妥当。

一四 “匕首”的“匕”读三声 bǐ，不读四声 bì

“匕”(bǐ)是个象形字，指“勺子”，样子模拟古代吃饭时用的小勺。这种勺子的前端有点儿尖。“匕首”指短剑或短刀，因为匕首的前端也是尖的，整体的样子有点像“匕”，所以被称为“匕首”。

有些人把“匕首”的“匕”误读成四声 bì，这是受了形近的“必须”的“必”的影响。“必”是副词，表示事理上或主观上的某种确定性。这两个字在来源上没有关系，只是形体有点接近而已。

一五 “便”的两种读音

“便”有两个读音：一个是 biàn，另一个是 pián。

1.“便”读 biàn 的时候，表示的意思较多：

(1)适宜。例如“不便分开”“不便发表意见”。

(2)适宜的时候，顺便的机会。例如“便中来访”“得便前去”“就便送来吧”“就便带去”。

(3)方便，做起来不困难。例如“便于携带”“行走不便”“便于清洗”。

(4)简易的，非正式的。例如“写张便条”“吃顿便饭”。

(5)排泄(屎、尿)或屎、尿。例如“小便”“排便”。

(6)相当于副词“就”。例如“我一下车便看见他”“没有大家的帮助，便不会有我的成功”。但应当注意，不是所有的“就”都能用“便”替换。例如“事情早就清楚了”“我就不信我学不会”“老两口就这么一个女儿”中的“就”不能用“便”替换。

2. 在现代汉语中，“便”读 pián 的时候很少。常见的“便”读 pián 的词语只有“便宜”和“大腹便便”。

“便(pián)宜(yi)”做形容词时，表示物价低廉。例如“这件衣服价钱很便宜”“这儿的东西比较便宜”。“便(pián)宜”做动词时，表示使得到某种好处。例如“这次可不能便宜了他”。“便(pián)宜”做名词时，表示不应得到的好处。例如“他做事老想占便宜”“这回他们捡了个大便宜”。

“便(biàn)宜(yí)”跟“便(pián)宜(yi)”读音、意思都不同。“便(biàn)宜(yí)”指方便、合适。例如“地铁是大城市便宜的交通工具”。人们常说的“便(biàn)宜(yí)行事”是指可以根据实际情况自行处理事务。例如“目前那里的形势比较复杂，你可根据情况便宜行事”。

一六　“殡”读四声 bìn，不读一声 bīn

“殡”(bìn)最初指死者入殓后停柩以待葬。例如：

(1) 死者殡在屋内，经三年，择吉日而葬。(《北史·高丽传》)

“殡”也指灵柩。例如：

(2) 其在远闻丧者，始闻，易服，哭而行；至家，凭殡哭。(《清史稿·礼志十四》)

总之，使用“殡”的时候，总是跟丧事有关。

把“殡”误读为 bīn，是受了“宾”的影响。“宾”的意思是“客人”。例如：

(3)人们到了这家酒店总有宾至如归的感觉。

(4)夫妻俩总是相敬如宾，相处一直很和谐。

因此，“殡”跟“宾”的意思是完全不同的，读音也不同。

一七　“屏”在“屏除杂念”中的读音

“屏”有三个读音：bīng、bǐng、píng。

(一)“屏”读三声 bǐng 的时候，是动词，表示两个意思。一是“抑制呼吸”。例如：

(1)他讲话的时候，人们都屏气敛声，专注地倾听。

(2)这个报告很感人，听众无不屏息静听。

另一个意思是“排除；除去”。例如：

(3)你只有屏除杂念，才能在决胜局打好球。

(4)王爷屏退左右的人，跟信使单独交谈。

(二)“屏”读 píng 的时候，有这么几个意思：

1.表示遮挡。例如：

(5)连绵的雪山屏蔽着通往外面世界的通道。

“屏(píng)障”指像屏风一样起遮挡作用的东西。例如：

(6)燕山山脉是北京的天然屏障。

“屏障”也用作动词，表示“遮挡着”。这种用法有文言色彩。例如：

(7)居庸关屏障京师。

2. 表示用来遮挡的屏风。例如:

(8)检查病人的床前摆着一个围屏,五扇相连。

3. 表示形状像屏风的东西,以及成组的字画条幅(形状像屏风)。例如:

(9)屏幕上打出了表示欢迎的字句。

(10)几个孩子去动物园的时候,看到孔雀开屏,非常高兴。

(11)墙上挂着四幅屏条,是一组山水画。

(三)“屏”读 bīng 的情况比较少见,主要用于“屏(bīng)营”一词。“屏营”文言色彩明显,是形容词,用来形容惊惶失措的样子,多见于文言的奏章、书札等。例如“不胜战栗屏营之至”。现在一般不用。

一八 “柏”在“柏拉图”中的读音

“柏”有三个读音:一个是 bǎi,另一个是 bó,还有一个是 bò。

“柏”字在“柏树”“松柏”中读 bǎi。柏树是四季常青的树,这种树木质坚硬,可以用来做建筑材料和家具。“柏子仁”中的“柏”也读 bǎi,这是一种中药,有安心养神等作用。北京东城区有座庙叫“柏林寺”,是京师八大寺庙之一,“柏林寺”的“柏”读 bǎi。山西有座山叫“柏(bǎi)谷山”,在山西长治。山上有很多柏树,所以叫这个名字。河北省有个县叫“柏乡”,其中的“柏”也读 bǎi。《诗经》中有首诗叫《柏舟》,是写卫国一个臣子对政事的忧虑的,《柏舟》的“柏”读 bǎi。

“柏油”“柏油路”中的“柏”也读 bǎi,“柏油”是“沥青”的通俗说法。

“柏”做姓氏时也要读 bǎi,周穆王有个臣子,叫“柏(bǎi)天”。

“柏”在译音词中读 bó。如在“柏林”中读 bó。柏林是德国首都,也是德国最大的城市。“都柏林”是爱尔兰首都,其中的“柏”也读 bó,这座城市是海港,也是古城。“柏(bó)拉图”是古代希腊哲学家的名字,他是欧洲客观唯心主义创始人。

“黄柏”中的“柏”读 bò,它是一种中药。“黄柏”现在多写成“黄檗(bò)”。

一九 “泊”在“门泊东吴万里船”和“罗布泊”中的读音

“泊”有两个读音,一个是 bó,另一个是 pō。

1.“泊”读 bó 的时候,有三个意思。

一是表示“停船”。例如:

(1)窗含西岭千秋雪,门泊东吴万里船。(唐·杜甫《绝句》)

(2)河里面上午就泊了一只白篷船。(鲁迅《祝福》)

(3)船泊在港湾。

在广东话里“泊车”是停放车辆的意思。“泊位”是指港区内停靠船舶的位置,停一艘船的位置就是一个“泊位”。如“深水泊位”“石油专用泊位”等。现在,“泊位”也用来指停汽车的位置,即通常说的“车位”。

二是表示“停留”。包含这个意思的常见词语是“漂泊”。

“漂泊”指“随波浮动或停泊”。例如：

(4)游艇在附近的海面上漂泊。

用来指人时，“漂泊”表示“职业、生活不固定，居无定所”。这是一种比喻性的用法。例如：

(5)他在海外漂泊多年，现在终于回到祖国。

三是表示“淡泊；恬静”。包含这类意思的常见词语是“淡泊”。例如：

(6)这位老师淡泊名利，全身心地做自己的教学工作。

2.“泊”读 pō 时，指“湖”。例如：

(6)罗布泊在新疆塔里木盆地东部。

(7)《水浒传》里说的梁山泊，在现在的山东省梁山、郓城、巨野等县间。

人们有时说的“血泊(pō)”是指一大摊血。

“泊”表示“停船”“停留”时是动词，表示“淡泊，恬静”时是形容词，表示“湖泊”时是名词。从读音说，“泊”做名词时读 pō，做动词、形容词时读 bó。

二〇　“簸”在“颠簸”中读三声 bǒ，不读四声 bò

“簸”有两个读音：一个是三声 bǒ，另一个是四声 bò。

1.“簸”读三声 bǒ 时，是动词义，有两个意思。一个是表“放在簸箕里上下颠动”。例如“簸谷子”“簸扬”“簸一簸小米”。另一个是表“上下颠动”。例如“风大浪高，船身簸荡得很厉害”“只见小船在水面上随着波浪上下簸动”。应当注意，“颠簸”的“簸”读三声 bǒ，不要读成四声 bò。

2.“簸”读四声 bò 时，是名词义，用于“簸箕”（bòji）。例如“铁簸箕”“竹簸箕”“柳条簸箕”“塑料簸箕”。另外，“簸箕”也用来表“指纹的一种类型”，其形状类似簸箕。例如“他的右手有三个簸箕，两个斗”。

杜甫的诗《复阴》说：“江涛簸岸黄沙走，云雪埋山苍兕吼。”郭沫若在《湖心亭》中说：“老太婆们穿着臃肿的小棉鞋，一颠一簸地在崎岖不平的泥泞的路上走着。”这两例中的“簸”都是动词义，宜读三声 bǒ。

成语“簸土扬沙”中的“簸”读三声 bǒ。“簸土扬沙”是“虚张声势”的意思。例如：“他们如此大吵大闹，只不过是簸土扬沙、虚张声势罢了，咱们不用搭理。”

“簸（bǒ）罗”是一种吹奏乐器。例如元代杨维桢在《王左辖席上夜宴》中说“门外一声吹簸罗”。而“簸（bǒ）箩”则指“笸（pǒ）箩”，即用柳条或篾条编成的盛东西的器具，圆形，帮较浅。

二一　“嘈杂”的“嘈”怎么读

有人把“嘈杂”的“嘈”读 cāo，也有人读 zāo，哪种读法对呢？

这两种读法都不对。

“嘈杂”的“嘈”应该读 cáo。《普通话异读词审音表》规定，“嘈”字统读为 cáo。也就是说，“嘈”字只有这一个读音。

“嘈杂”是声音杂乱、喧闹的意思。例如：

(1) 农贸市场里人头攒动，嘈杂不堪。

（2）有几位就餐的客人大声说话，声音嘈杂刺耳。

二二 “草丛”的“丛”怎么读

“草丛”的“丛”有人读一声 cōng，有人读二声 cóng，究竟应当怎样读？应当读二声 cóng。

“丛”是“聚集”的意思，例如：丛生、丛集。“丛”也指生长在一起的草木，例如：草丛、树丛。“丛”还泛指聚集在一起的人或物。例如：人丛、论丛、刀丛。

《普通话异读词审音表》规定，“丛”统读 cóng，所以以下词语中的“丛”都应读为 cóng：

丛刊　丛林　丛莽　丛山　丛生　丛书　丛谈　丛杂

二三 “差”有四个读音

在口语中，表示“不相合；缺欠；不够标准”的时候，读 chà，例如在以下词语中读 chà：

差不多　差不离　差点儿　差远了　质量差　还差一个人

如果是书面语上常用的词里有“差”，虽然也表示上面的意思，但要读 chā，例如在下面的词语中要读 chā：

差别　差错　差额　误差　偏差　差异　阴差阳错　一念之差

表示“派遣”的意思时，“差”读 chāi，例如在以下词语中读 chāi：

差遣　差事　出差　差旅费　鬼使神差

在“参(cēn)差”(“不一致”的意思)一词中读 cī。

下面词语中都有“差”,但读音不同:

(1)差劲(2)差距(3)差之毫厘,谬以千里(4)差役(5)成绩差(6)差两本书

其中:(1)(5)(6)读 chà,(2)(3)读 chā,(4)读 chāi。

二四 “裳”在“霓裳”中读 cháng,不读 shāng

“裳”有两个读音:一个是 cháng,另一个是轻读 shang。

“裳”读 cháng 时,指古人穿的下衣,像现在的裙子。古时上边穿的则叫“衣”。例如:

(1)绿兮衣兮,绿衣黄裳(cháng)。(《诗经·邶风·绿衣》)

(2)惜乎衣未成而转为裳(cháng)也。(汉·扬雄《法言·修身》)

后来“衣”和“裳”都可以泛指全身的衣服。例如:

(3)七月流火,九月授衣。(《诗经·豳风·七月》)

(4)故渔者歌曰:“巴东三峡巫峡长,猿鸣三声泪沾裳(cháng)。”(北魏·郦道元《水经注·江水》)

“裳”在“衣裳”一词中,轻读 shang。例如:

(5)这是谁的衣裳(yīshang)啊?

“霓裳(cháng)”相传是神仙穿的。例如:

(6)青云衣兮白霓裳(cháng),举长矢兮射天狼。(《楚辞·九歌·东君》)

“霓裳”的“裳”读 cháng，有人读 shāng，是一种误读。

二五 “场”在“一场风波”中怎么读

“一场风波”中的“场”，常有人读作 chǎng。其实，这里的“场”应当读二声 cháng。

“场”充当量词的时候，有两个读音：一个是 cháng，另一个是 chǎng。

凡用于文娱、体育活动类词语前时，读三声 chǎng。例如在下列词语中读三声：

一场电影　两场话剧　三场演出　四场足球　五场乒乓球赛　六场比赛　早场　晚场　夜场　演出七场　五幕十二场

用于指风、霜、雨、雪等自然现象，或者疾病、灾害，以及言语、行为的词语前时，读二声 cháng。例如在下列词语中读二声：

一场风　一场雪　一场雨　一场冰雹　一场病　一场大火　一场洪水　一场演讲　一场辩论　一场恶战　一场搏斗　一场革命　一场虚惊

这些地方的“场”（cháng），多表示某种过程。

当“场”处于句子末尾的时候，也按照上述原则处理。例如“这是第二场”，如果指暴风雨等，读 cháng；如果指戏剧演出等，则读 chǎng。

“场”的基本义是平整的空地，例如“广场、机场、停车场”中的“场”都有这个含义。需要较大的平整空地进行生产活动的地方，称为“××场”。例如“猪场”“牧场”。

“厂”指进行工业化生产或加工的单位。例如“纺织厂”“钢铁厂”。具有宽敞地面可以存放货物并进行加工、出售的场所习惯上也称“厂”。例如“煤厂”“木材厂”。“垃圾场”“屠宰场”中的“场”不宜写成“厂”。

二六　“唱片”中的“片”读第几声

有人把“唱片”和“唱片儿”中的“片”都读一声 piān，这种读法对吗？

“唱片”中的“片”应该读四声 piàn。除“唱片”外，“画片”“相片”“影片”“照片”中的“片”也读四声 piàn。

应该注意的是，如果这些词语儿化，则应读为一声。也就是说，“唱片儿”“画片儿”“相片儿”“影片儿”“照片儿”中的“片”应该读一声。例如“唱片儿”应读成 chàngpiānr。

“片”做量词，用于“景色”“景象”“气象”“声音”“心意”等时，数词限于“一”。例如：

一片春色　一片欢腾　一片新气象　一片笑声　一片真心”。

二七　“陈寅恪”的“恪”怎么读

《普通话异读词审音表》里规定，“恪”“统读”kè。

徐世荣先生在《普通话异读词审音表释例》中对此作了说明：“《〈普通话异读词审音表〉初稿》审‘恪守’一词，定‘恪’音 kè，注明：‘不取 què 音。’人名如近代学者陈寅恪。……《订本》仍读 kè 音，‘统读’涵括文言及古书中‘恪’字读法。”据此，“陈寅恪”的“恪”宜读 kè。

另外,《陈寅恪·书信集》(三联书店,2001 年版)《致傅斯年(第七十六)》中,署名为“Chen Yin Ke”,可见他也认为自己名字中的“恪”读 kè。

二八 “谌”做姓氏怎样读

“谌”做姓氏以往读 chén。所以 1978 年以前的《现代汉语词典》只给“谌”姓注音为 chén。后来,群众中有人将“谌”姓读为 shèn。为了反映这种实际读音,1983 年的《现代汉语词典》增加了 shèn 的读音。这样,“谌”姓就有了两种读法。在使用中,姓“谌”的人应该坚持自己的读法,不宜随意改变。

二九 “称”在“称职”“称心如意”中的读音

“称”有两个读音:一个是一声 chēng,另一个是四声 chèn。

1.“称”读一声 chēng 的时候,主要有三种意思。

第一种意思多跟语言有关系,包括:1. 叫,称呼。如“称兄道弟”“记者被称为‘如冕之王’”。2. 说,述说。如“据称这座山里有老虎”“大家连声称好”“人们纷纷点头称是”。3. 赞扬。如“称赞一番”“人人称颂”。4. 自称(以某种名分自居)。如“占山称王”“称霸一方”。

第二种意思是“用秤来测量轻重”。如“称一称这些鸡蛋有多重”。

第三种意思表“举”,例如“称兵”(采取军事行动)。这是文言说法,生活中很少用到。

2.“称”读四声 chèn 的时候,主要有两个意思。

一个是“配得上；符合；适合；合适”一类意思。例如：

(1) 这两年的表现说明他做这个工作很称职。

(2) 如此一来，你就称心如意了。

(3) 你挑选的这两种颜色搭配起来很相称。

(4) 这幅画人的眼睛画得对称，耳朵画得有点不对称。

(5) 报纸版面的图画和文字安排很匀称。

另一个常用于口语，表示“拥有”或者“富有”的意思，读为 chèn，现在一般多写“趁”不写“称”。如：“他趁一辆轿车”“这人很趁钱”“他家特别趁”。

台湾地区说的“称头”（chèntóu，形容词），是说装扮举止与身份相称，其中的“称”读 chèn，如“那位歌星称头的打扮引来不少目光”。

三〇　“炽热”的“炽”读 chì，不读 zhì

“炽”（chì）指火燃烧得旺，也用来形容事物旺盛或者热烈。由“炽”组成的常见词语有“炽烈”“炽热”“炽盛”等。例如：

(1) 篝火在炽烈地燃烧，孩子们围坐在篝火旁。

(2) 盛夏，炽热的阳光照射在大地上，人们都喜欢躲在阴凉的地方。

(3) 火势炽盛，人们一时难以接近。

“炽”常有人误读为 zhì，原因是“织”“帜”等字声母是 zh，而常用字中除“炽”外，很少用“只”来表 ch 声母。

三一 “臭”在“铜臭”中的读音

“臭”有两个读音:一个是 chòu,另一个是 xiù。

读 chòu 的时候,表示“气味难闻”或者“令人厌恶”“技艺低劣”“狠狠地”“枪弹失效”等意思。例如:

(1)城外这条沟原先臭气熏天,现在变成碧波荡漾的小河了。

(2)他老摆臭架子,所以落下臭名。

(3)这是一步臭棋,导致他最后输掉了这盘棋。

(4)我昨天刚劝了两句,就被臭骂了一顿,今天不敢再去碰钉子了。

(5)他手指一钩,枪没响,赶上一颗臭弹。

“臭”读 xiù 表“气味”。例如:

(6)空气是无色无臭的气体。

(7)他懂什么呀,还是个乳臭未干的孩子。

“臭(chòu)味相投”现在一般用来指有相同坏习气或不良嗜好的人彼此投合,带贬义。例如:

(8)这几个人不务正业,臭味相投,早晚要出问题。

值得注意的是,过去“臭味相投”也曾指“思想情趣相投的人,彼此合得来”。这时,应当读“臭(xiù)味相投”。例如:

(9)“这二位官人,为官也都清正,因此臭(xiù)味相投,每遇公事之暇,或谈诗,或弈棋,或在花前竹下,开樽小饮,彼来此往,十分款洽。”(明·冯梦龙《醒世恒言·薛录事鱼服证仙》)

“铜臭”指铜钱、铜圆的气味,其中的“臭”读 xiù。“铜臭

(xiù)”一般用来讽刺那些爱钱如命、唯利是图的人的思想和行为。例如：

(10)他的话语中流露的想法充满铜臭气，令人生厌。

(11)这个人处理任何问题都是金钱挂帅，浑身铜臭。

三二　“处”在“处理”“处女”中的读音

“处”有两个读音：一个是三声 chǔ，另一个是四声 chù。

(一)“处”读三声 chǔ 时，是动词义。常见的用法有：

1. 表“惩办；惩罚”。如“处分”“惩处”“处以重刑”中的“处”都读 chǔ。

2. 表“安排；办理”。如“处理”“裁处”中的“处”读 chǔ。

3. 表“交往；跟别人在一起”。如“处得来”“共处”“相处”中的“处”读 chǔ。

4. 表“置身于某地或某种情况中”。如“处境”“地处闹市”“养尊处优”“处在发展阶段”中的“处”读 chǔ。

5. 表“居住”。如“独处一室”“五方杂处”“穴居野处”中的“处”也读三声 chǔ。

(二)“处”读四声 chù 时，是名词义。常见的用法有：

1. 表“地方”。如“处所”“所到之处”“心灵深处”中的“处”读 chù。

2. 表“事物的方面或部分”。如“长处”“难处”“害处”“坏处”中的“处”读 chù。

3. 表“机关中一种级别单位”。如“办事处”“财务处”“科研处”中的“处”读四声 chù。

“处方”指医生给病人开的药方,其中的“处”读三声 chǔ。“处之泰然”是说面对危急情况时沉着镇定,其中的“处”读三声 chǔ。

《红楼梦》第一百一十九回中,贾环说:“我早起在大太太跟前说到这样好,如今怎么样处呢?”意思是,自己早上跟大太太汇报时把情况说得很好,如今发生意外,怎么处理才好?这里的“处”应当读三声 chǔ。

“处(chǔ)警”是指警方处理警务工作。例如:“报警几分钟后,民警就赶到现场,处警迅速。”

“处(chǔ)女秀”是指第一次表演或展示。例如:“这位新歌手昨晚的处女秀获得好评。”

三三　“创”在“创伤”“重创”中的读音

“创”有两个读音:一个是一声 chuāng,另一个是四声 chuàng。

1.“创”读一声 chuāng 的时候,有两个意思:

一个意思是“伤口,外伤”。例如“创(chuāng)口已经痊愈”“背部的创(chuāng)伤上了几次药,好多了”。

“创痕”“创巨痛深”多用于比喻义,其中的“创”也读一声。

另一个意思是“杀伤;打击”。例如:“在我军打击下,敌人受到重创(chuāng),狼狈逃窜了。”

2.“创”读四声 chuàng 的时候,表示“创造;创造性的”。例如“创(chuàng)了新的世界纪录”“他们首创(chuàng)了这项新工艺,大大提高了功效”“这个想法很有创(chuàng)见”“他们的设计富有创(chuàng)意”。

表示“通过经营而获取”时，也读四声 chuàng。例如“创汇”“创利”“创收”中的“创”都读四声。

曹禺话剧《北京人》第三幕台词说：“这次在外面一定要创出一番事业。”其中的“创”应读四声 chuàng。

新词语“创业园”是指为吸引科技人才创业而设立的科技企业基地。例如：“台湾农民在海峡两岸农业合作试验区和台湾农民创业园可申办个体工商户。”其中的“创”宜读四声 chuàng。

三四 “撮”在“一撮头发”中读 zuǒ

“撮”有动词和量词两种用法。

(一)“撮”做动词时读 cuō，常见用法有：

1. 表“聚合”。例如：

(1)他俩的婚事是姨妈撮(cuō)合成的。

2. 表“用簸箕等收集东西”。例如：

(2)刮了阵风以后，王大婶在院子里撮(cuō)了一簸箕树叶。

(3)你把这点儿土撮(cuō)走。

3. 表“用手指捏起”。例如：

(4)他用手指撮(cuō)了一点儿盐。

这种说法多见于吴方言。

4. 表“摘取(要点)”。例如：

(5)这篇文章很长，撮(cuō)其要旨，发现文章主要是强调必须加快自主创新研究。

(6)请把近几个月的工作情况撮(cuō)要报告。

5. 表“吃或大吃”。例如：

(7)咱俩今天到东来顺撮(cuō)一顿涮羊肉吧。

(8)忙了这么多天,任务完成了,主任得请咱们撮(cuō)一顿吧?

这种说法多见于北京话。

(二)“撮”做量词时有两个读音,一是读 cuō,常见用法有：

1. 用于若干可用手或工具撮取的东西。例如：

(9)桌子上撒了一撮(cuō)盐。

2. 用于数量少的坏人,前面常加“小”,数词限于“一”,含有蔑视意味。例如：

(10)一小撮(cuō)歹徒破坏不了安定团结的大好局面。

(11)这是一小撮(cuō)坏人在恶意煽动,大家千万别上当。

“撮”做量词时的另一个读音是 zuǒ,用于成丛的少量毛发。口语中常儿化。例如：

(12)她头顶右边有一撮(zuǒ)儿头发是黄的。

(13)老李头儿下巴上有撮(zuǒ)儿山羊胡子。

归纳起来,不管是动词用法还是量词用法,“撮”表示“少量毛发”时读 zuǒ,其他用法都读 cuō。

三五　“大大咧咧”等词的读法

在《现代汉语词典》中,“大大咧咧”的注音是 dàdaliēliē,

“马马虎虎”的注音是 mǎ·mǎhūhū,“洋洋洒洒”的注音是 yángyángsǎsǎ。

这三个词语都是 AABB 式重叠的形容词,但注音却有差别。AABB 式形容词的变调是口语中的一种音变现象。在口语中常说的词语,容易变调,口语中不常说而书面上常见的词语则不容易读成变调的格式。

“洋洋洒洒”在书面上常用,而口语中不是很常用,因此习惯上不变调,四个音节都读成本调,故而注音为 yángyángsǎsǎ。“大大咧咧”跟“马马虎虎”口语中都说,所以后面两个音节都变读阴平。不过,在口语中,人们感觉“大大咧咧”一般都把第二个音节读成轻声,而“马马虎虎”口语中第二个音节有时候也读本调,所以注成两读的。

当然,这种注音似乎过于细致了,人们也不太好掌握。因此现在有的词典编者正在考虑把 AABB 式形容词都注成本调。笔者认为这种考虑是可取的。

另外,在书面上,AABB 式形容词以前人们习惯按照四字成语来处理,拼写时中间加上短横。其实这个短横没有必要。原因有三:一是中间加短横会割裂拼写的词语,二是不加短横不会产生阅读上的困难,三是不加短横也易于人们操作。因此,现在人们倾向于不加短横。如此看来,《现代汉语词典》中给 AABB 式形容词注音时中间不加短横的做法是适当的。

三六　“大腹便便”中的“便便”读 piánpián,不读 biànbiàn

成语“大腹便便”是形容人肚子肥大凸出的样子,往往含有贬义。例如:

（1）这时不管他是工人、农民、公务人员，还是大腹便便的商人，人们的眼睛都被一种莫名其妙的困惑苦恼着。（杨沫《青春之歌》）

（2）如今他胖了，发福了，大腹便便，不是当年那副瘦削的模样，所以孟乍一看都不敢认了。（李国文《冬天里的春天》）

"大腹便便"中的"便便（piánpián）"有"腹部肥满"的意思。再如：

（3）边孝先，腹便便。懒读书，但欲眠。（《后汉书·文苑传上·边韶》）

（4）远是非，绝名利，腹便便午窗酣睡。（元·张可久《沉醉东风·幽居》）

"便"读 biàn 的时候，有"便于"等意思，没有表"肚子肥大凸出"的意思，因此"便便"不宜读成 biànbiàn。

三七　"呆板"怎样读

1963 年的《普通话异读词三次审音总表初稿》中规定，"呆板"读 áibǎn。

1985 年的《普通话异读词审音表》对上述规定做了调整，规定"呆"统读 dāi。也就是说，"呆"在任何情况下都读 dāi。因此，现在的工具书与过去的工具书便出现了差异。

宜按照现在的工具书，将"呆板"读为 dāibǎn。有人仍按照旧规范去读，这是应当纠正的。

三八　“逮”在“逮住”“逮捕”中的读音

“逮”有两个读音：一个是三声 dǎi，另一个是四声 dài。

“逮”读三声 dǎi 的时候，表示“捉”的意思。“逮”字的古字形（金文）便是一只手抓住条动物的尾巴。例如：“他逮（dǎi）住了一只蚂蚱”“昨天用夹子逮（dǎi）住一只老鼠”“我们帮助警察逮（dǎi）小偷儿”“在花园里逮（dǎi）蛐蛐儿”。从上面的例子可以看出，在口语中单说“逮”的时候，要读三声 dǎi。

“逮”读四声 dài 的时候，也是表示“捉”，但是用于合成词中。例如“车祸的肇事者已被逮（dài）捕法办”“警察向犯罪嫌疑人出示了逮（dài）捕证”“公安局已经下达了逮（dài）捕令”。从上面的例子可以看出，表示“捉”的合成词，常见的只有一个“逮捕”。

“逮”读四声 dài 的时候，还有一个意思是“到，及”。例如“非臣愚见所能逮及”是说“不是我愚笨的见解所能想到的”，“逮及商、周”是说“等到商代、周代的时候”。成语“力有未逮”是说“能力做不到”。如：“他一直想调解两个人的矛盾，但是力有未逮，一直没成功。”

另外，成语“力所不及”是说力量限度以内做不到，这个成语也说成“力所不逮”，其中的“逮”是“及”的意思。从上面的例子可以看出，“逮”表“到，及”的意思时，主要见于文言或成语。

三九　“当年”的两种读音

“当”有两个读音：一个是一声 dāng，另一个是四声 dàng。

（一）“当”读一声 dāng 时，常见的意思有：

1. 表“相称”。如“相当”“门当户对”。

2. 表“担任”。如“当老师”“当代表”。

3. 表“应该”。如“该当何罪”“理当如此”。

4. 表“掌管”。如“当家”“独当一面”。

5. 表“对着”。如“当面”“当着大家”。

6. 表“正在”。如“当我回来的时候”。

这些地方，人们往往不会读错，一般不需要特别记忆。

（二）“当”读四声 dàng 时，常见的意思有：

1. 表“合适”。例如“不当”“得当”“恰当”“妥当”“稳当”“用词不当”。

2. 表“当（dàng）作”。例如“安步当车”“没把你当外人”。

3. 表“以为”。例如“当真”“我当你回去了”。

4. 表“圈套”，一般见于“上当”一词。例如“别上敌人的当”“防止吃亏上当”。

5. 表“跟已经发生的事情同时出现”。例如“当（dàng）时”“当（dàng）年”。

值得注意的是，“当（dāng）时”“当（dāng）年”跟“当（dàng）时”“当（dàng）年”意思不同。其中的“当”读一声 dāng 时，表示从前某个时间，“当”读四声 dàng 时，表示“跟已经发生的事情同时出现”。例如：

（1）他当（dāng）时在农村插队。

（2）他一听到这话，当（dàng）时就跑了出去追赶老谢。

（3）我当（dāng）年当兵的时候，来过这个城市。

（4）这个工厂建好后当（dàng）年就取得很大效益。

把“当（dàng）”误读成 dāng 的情况比较常见。因此，应记住上面几种“当(dàng)”的常见用法。

四〇 “档案”的“档”读四声 dàng,不读三声 dǎng

“档”读四声 dàng,有以下用法:

1. 带格子的架子或橱柜。例如:

(1)文件用完了要及时归档,别在桌上搁着。

2. 档案。例如:

(2)人事干部正在查档,等搞清楚情况再研究。

3. 商品、产品的等级。这种说法较常见。例如:

(3)别在早市买低档插座,用不了多长时间就坏了,还容易出事。

(4)这个超市中档货物比较多,适合市民需要,所以生意比较好。

(5)我还真没去过这么高档次的餐厅吃饭。

4. 量词,用于事情。例如:

(6)我今天有好几档事儿呢,明儿找你吧。

(7)这是两档子事儿啊,不能往一块儿掺和。

5. 摊位。例如:

(8)东边是鱼档,早上来买鱼的不少。

或许是受了“挡(dǎng)”的影响,有的人把“档”读成三声 dǎng,这是一种误读。

四一 “地方”的两种读音和意思

“地方”有 dìfāng 和 dìfang 两个读音,意思各不相同。

(一)“地方”读 dìfāng 时,表示下面几个意思:

1. 各级行政区划的统称,跟“中央”相区别。例如:

(1)中央和地方的有关部门都很重视这项工作。

(2)这项工程除了中央投资之外,地方政府也投了资。

(3)在这个问题上,地方要服从中央的统一安排。

2. 军队以外的部门、团体等,跟“军队”相区别。例如:

(4)一批军队干部今年秋天将转业到地方工作。

(5)这个部队培养了很多军队和地方两用人才,受到各地欢迎。

(6)部队的训练多年来得到了地方上的大力支持,我们非常感谢。

3. 指“当地”或“本地”。例如:

(7)他们采取的这项措施,地方上的群众十分欢迎。

(8)设计师设计这些建筑的时候,应当充分考虑地方文化特色。

(9)他的研究对地方经济的发展作出了很大贡献。

(二)“地方”读 dìfang 时,表示下面两种意思:

1. 表示某个区域、空间的某部位或某整体的某部位,以及“空位”。例如:

(10)你家住什么地方?

(11)现在飞机在什么地方?

(12)这辆汽车什么地方有毛病?

(13)我们来晚了,还有地方坐吗?

2.表示某些事物的组成部分。例如:

(14)他的说法有对的地方,也有不对的地方。

(15)这出京剧精彩的地方不少。

(16)这篇文章有的地方可以再修改一下。

应当注意的是,在说普通话的时候,或者给词语注音的时候,凡是表示"区域""部位""部分"一类意思时,"地方"中的"方"要读轻声或注为轻声。人们往往忽略这一点。

四二 "调配"的两种读音和意思

"调配"有 diàopèi 和 tiáopèi 两种读法,意思各不相同。

"调配"读 diàopèi 的时候,表示"调动;配置"。例如:

(1)领导决定给担任这个任务的研究室调配精兵强将,争取早日攻克难关。

(2)要合理调配劳动力,以保证水库按时完工。

(3)要按照季节的变化和农作物的需要调配水资源。

"调配"读 tiáopèi 的时候,表示"调和;配制"。例如:

(4)要严格按照处方调配治疗用的液体药剂,否则疗效不理想。

(5)要调配好舞台背景的色彩,好展现出黎明前的星空。

(6)我会根据老人们营养的需要调配好他们一周的伙食。

从上面的例子可以看出,读 diàopèi 的时候,语意重心在

“调动”，而读 tiáopèi 的时候，语意重心在“配制”。

另外，“调换”应读 diàohuàn，往往有人误读为 tiáohuàn。“调换”的意思是“互换”或“更换”。例如：

(7)这两个队的教练调换(diàohuàn)一下，或许训练效果更好。

(8)你今天有事，咱俩调换(diàohuàn)一下，我来值夜班，你上白班。

(9)这个零件已经老化了，需要马上调换(diàohuàn)。

(10)这根木料有点细，调换(diàohuàn)一个粗些的，屋顶结构肯定更结实。

(7)(8)中的“调换”表“互换”，(9)(10)中的“调换”表“更换”。

四三 “度”在“揣度”中读音

“度”有两个读音：一个是 dù，另一个是 duó。

表示“准则；计量单位；范围；程度；人的气质”等意思时读 dù。例如在“尺度”“弧度”“角度”“摄氏度”“国度”“进度”“长度”“风度”等词语中，“度”都读 dù。这是比较多见的读法。

读 duó 的情况相对来说比较少，当“度”表示“推测”“估计”一类意思时要读 duó，这也是“度”容易读错的地方。下面举几个较常见的“度”读 duó 的词语：

“猜度(duó)”，是“猜测”的意思。

“揣度(duó)”，是“估量”的意思。

“忖度(duó)”，也表“估量”。

“以己度(duó)人”,指“用自己的想法衡量或揣测别人”。

“审时度(duó)势”,指“了解时势的特点,估计情况的变化”。这几个词语中的“度”容易误读为dù。

《红楼梦》第三回中,黛玉刚进贾府,去拜见二舅和二舅妈。进了东耳房,女仆们请黛玉炕上坐。看到炕上有两个坐垫,“黛玉度其位次,便不上炕,只向东边椅子上坐了”。黛玉推测这两个坐垫是留给长辈的,所以坐到炕下的椅子上。这里的“度”是“揣度”的意思,应该读duó,不宜读dù。

有些地区有“度身定造”的说法,是指按照身材的高矮胖瘦来做衣服,其中的“度”是“估量”的意思,应读为duó。

四四 “嗯”应该怎么读

“嗯”是叹词,有三个读音:

1. 读二声ńg,表示疑问。例如:

(1)嗯?你说什么?

(2)嗯?这是怎么回事?

2. 读三声ňg,表示不以为然和出乎意料。例如:

(3)嗯,没那么严重吧。(不以为然)

(4)嗯!你怎么还没走啊?(出乎意料)

3. 读四声ǹg,表示应诺。例如:

(5)嗯,就照你说的办吧。

(6)嗯。可以。

四五 “儿”的几种读法

书面上的“儿”有三种读法。

第一种读儿化韵,也就是把“儿”读成一个卷舌音彩,这时候,“儿”跟前面的字是一个音节。例如“门儿”,要把“儿”跟前面的“门”读成一个音节。这时,只是在前面音节的末尾加上一个卷舌动作而已。

这种读法具有“小”“喜爱”等意味。例如“花生壳儿”有“小”的意味;“红脸蛋儿”有“喜爱”的意味。

另外,读成儿化后,一般就确定了词性为名词。例如“尖”是形容词,“滚”是动词,读成“尖儿”“滚儿”之后,都成为名词。在常见的词语中,“玩”是一个例外,读成儿化后,“玩儿”仍然是动词。

《红楼梦》第六十九回里,王熙凤描述贾府家道中落、入不敷出的情景时,叹息:“咱们的月例,一月赶不上一月,鸡儿吃了过年粮。”这句话里的“儿”必须读成儿化韵,这样,才能显现出“鸡儿”跟“今儿”的谐音,也才能读出话语里的意思。如果读成“鸡”“儿”两个音节,跟“今儿(jīnr)”不谐音,也就读不出作品的原意了。

值得注音的是,在汉语书面语里,有时候没有“儿”字,也要读出儿化来。因为所有的儿化词都写出“儿”来,书面上的“儿”就太多了,成了“满天星”,故而该读儿化的地方,人们常常不写出“儿”来。例如老舍《骆驼祥子》开头说:“北平的洋车夫有许多派:年轻力壮,腿脚灵利的,讲究赁漂亮的车,拉‘整天儿’,爱什么时候出车与收车都有自由……”隔了一小段话后老舍继续说:“这派的车夫,也许拉‘整天’,也许拉‘半天’。”前面的“整天儿”老舍加了“儿”，后面的“整天”“半天”老舍没有加“儿”，其实我们读的时候，都要读成儿化词，才符合语言实际。这种没有“儿”字也要读成儿化的情况，有人称为“无儿要化”（即无“儿”字也要读成儿化词）。

第二种读法是读成两个音节。例如“好男儿志在四方”“我国体育健儿在奥运会上勇夺金牌”中的“男儿”“健儿”都要读成两个音节，而且还要读成汉语双音词的“中重”格式。再如，“幼儿、宠儿、孤儿、胎儿、婴儿、混血儿”中的“儿”也都要读成一个独立的音节，整个词语也要读成“中重”格式。

第三种读法也是读成两个音节，但是后面的“儿”读得比较轻，类似普通话里的轻声，不过没有轻声那么轻。

这种读法多出现在散文、诗歌特别是儿歌中。

例如散文《废园》：“立春才不久，园中没有一朵花，自然也没有蜂狂蝶浪，蜂儿蝶儿还在蛹里沉睡呢。”再如诗歌《鸟儿，鱼儿》：“美丽的鸟儿，在高空中飞翔，低头看着，那汪洋大海里的鱼儿。”又如儿歌《月儿弯弯》：“月儿弯弯，云儿飘飘，风儿像流水，月儿像小桥。”

这三个言语片段中的“蜂儿”“蝶儿”“鸟儿”“鱼儿”“月儿”“云儿”“风儿”都要读得比较轻，整个词语读成汉语中双音词的“重轻”格式。

第二种和第三种读法，有人称为“有儿不化”（即有“儿”字不读成儿化词）。

写文章的时候，口语中儿化词后面的“儿”字有时可以不写出来，例如“饭馆”“豆馅”“遛弯”等。

但是，有的小东西要写出“儿”，例如“棍儿”，如果写“棍”，就指比较大的棍子了;有的词性变了要写出“儿”,例如“亮儿(光亮)”;有的儿化后意思变了要写出“儿”,例如“头儿(领导)”。

四六 “坊”在“牌坊”中怎么读

“坊”有一声 fāng 和二声 fáng 两个读音。

1.“坊”读一声 fāng 的时候,常用于街巷名称。例如:

(1)白纸坊(fāng),位于北京西城区西南角,清代设有火药局。

(2)锦什坊(fāng)街,在北京西城区中部,是一条南北走向的小街。

2.“坊”在“街坊”一词中读轻声。“街坊”是“邻居”的意思。例如:

(3)这次回来,见了好些老街坊,真高兴。

2.“坊”表示“手工业者的工作场所”时读二声 fáng。例如:

(4)染坊(fáng)是给布料等染色的作坊。

(5)胡同西头有个豆腐坊(fáng),来买豆腐的小贩不少。

(6)这家食品店的后面,有个面包坊(fáng),因此店里常卖热乎乎的面包。

但是,“坊”在“作坊”中读轻声。例如:

(7)街对面是一家传统的造纸作坊(zuōfang),现在成了旅游者参观的景点。

“牌坊”中的“坊”有两种读法，一种是读一声 fāng，读成 páifāng；另一种是读轻声，读成 páifang。两种读法都可以。但口语中一般读轻声 páifang。“牌楼”跟“牌坊”不同，只读轻声，读成 páilou。

四七　“绯闻”的“绯”怎么读

“绯”是“红色”的意思，读 fēi。“绯衣”指古代官员的红色品服。“绯红”指鲜红或通红。例如：

(1)上野的樱花烂熳的时节，望去确也像绯红的轻云。(鲁迅《朝花夕拾·藤野先生》)

(2)万雪斋听了，脸就绯红。(清·吴敬梓《儒林外史》第二十三回)

“绯闻”也称“桃色新闻”，指关于不正当男女关系的新闻。其中的“绯”要读一声 fēi，常有人误读为三声 fěi。

四八　“菲薄”“芳菲”中“菲”的不同读音

“菲”常见的读音有一声 fēi 和三声 fěi。

1.“菲”读一声 fēi 的时候，表示“花草芳香”。例如：

(1)别来春物已再菲，西望不见红日围。(宋·苏轼《作书寄王晋卿忽忆前年寒食北城之游走笔为此诗》)

“芳菲(fēi)”常用来指花草芳香而艳丽。有时也用来指花草。例如：

(2)春天在野外漫步，春草芳菲，令人心旷神怡。

(3)这时，芳菲满园，游人兴致很高。

“菲菲”是指花草茂盛或芳香。例如：

(4)溪头三月草菲菲，城畔春游惜醉稀。(宋·梅尧臣《依韵和吴季野马上口占》)

(5)花草菲菲，引来不少飞蝶和蜜蜂。

2.“菲”读三声 fěi 的时候，常表示“微薄”(数量少，价值低)的意思。例如：

(6)这件礼物价值不菲，恐怕能值上百万呢。

“菲(fěi)薄”也是“微薄”的意思。例如：

(7)他在山区当老师，待遇虽然菲薄，但他工作非常认真。

(8)这是我一点儿菲薄的小礼物，望您笑纳。

“菲薄”也用来表示“轻视”。例如：

(9)你要真正振作起来，努力奋斗，不能妄自菲薄。

(10)不同时代自然有不同看法，不宜随意菲薄前人看法。

“菲薄”的“菲”往往被误读成一声 fēi。

四九　“拂面”“拂袖”中的“拂”读 fú，不读 fó

“拂”只读 fú，不读 fó，“拂”常见用法有以下几种：

1.表“擦拭”。例如：

(1)拂去盒子上的灰尘，他看到盒子上有两个字。

(2)把桌椅拂拭了一遍，这才坐下。

2. 表“轻轻擦过”。例如：

(3) 温暖的春风吹拂着大地，百花盛开，一派生机。

(4) 这时，走在大街上，春风拂面，一点儿都不冷。

3. 表“甩动”。例如：

(5) 他一听这话，立即拂袖而去。

4. 表“接近”。例如：

(6) 司令员命令，拂晓发起攻击，各团都做好了准备。

上面例子中的“拂”都要读 fú，不宜读 fó。

五〇 “脯”在“果脯”中读 fǔ，不读 pǔ

“脯(fǔ)”常见的用法有：

1. 指干肉。例如：

(1) 这是当地人腌制的鹿脯，能放很长时间。

(2) 他们带上兔脯，踏着厚厚的积雪出发了。

2. 指用糖、蜜等腌制的瓜果干儿。例如：

(3) 这些果脯(fǔ)是北京特产，我买两盒回去送人。

(4) 在果脯里，我最爱吃杏脯(fǔ)了，又酸又甜。

虽然有的人在口语中把“果脯”的“脯”读成 pǔ，但我们还是应当按照规范的读音读 fǔ。

另外，“脯”还指“胸部”，这时读 pú。例如在“胸脯”中读 pú。

五一 “噶”在“准噶尔盆地”中的读音

在1962年12月发表的《普通话异读词审音表初稿》(第三编)中,有“噶厦”一词。“噶厦”是原西藏地方政府的名称,读gáxià。其中的“噶”在过去的工具书如《国语辞典》中曾有两读,除gá外,还读gé。显然,《普通话异读词审音表初稿》(第三编)没有采纳gé的读音。

2010年版的《汉语大字典》承袭了“噶”的gá、gé两读。其中“噶”读gé时的用法是这样的:一是表示“赌咒”的意思,二是用来做拟声词,所举的例子出自清代文康《儿女英雄传》及清代张春帆《宦海》。但这两种用法在现代汉语中已不多见,所以20世纪60年代的《普通话异读词审音表初稿》(第三编)只采用了gá一种读音。

“噶”读gá的时候,在汉语书面语中实际上是译音用字。例如“噶伦堡”(印度东北部边境城镇)中的“噶”也读gá。

1985年12月颁布的《普通话异读词审音表》沿用了《初稿》的做法,并明确规定“噶”“统读”gá。

“准噶尔盆地”中的“准噶尔”显然系译音词,其中的“噶”也应当读gá,不能读gā。所以,《汉语大词典》词目音序索引中给“准噶尔”中的“噶”注音为gá、台湾1996年版《最新实用字典》中给“准噶尔盆地”中的“噶”注音也为gá。

五二 “盖”做姓氏时怎么读

有时候听到有人把做姓氏的“盖”读做gě,有时又听到读gài,“盖”做姓氏时究竟应当怎样读?

在《汉语大字典》和《汉语大词典》中,“盖”读gài时,不做姓氏，读 gě 时才做姓氏。台湾目前使用的《最新实用字典》中，“盖”也是读 gě 时才用作姓氏。但是，在《现代汉语词典》中，“盖”读 gài、gě 时，都可以做姓氏。这是为什么呢？

《汉语大字典》等工具书反映的是漫长的历史中的读音情况。也就是说，以往，“盖”做姓氏时要读 gě，不读 gài。但是，gě 这个读音很少用，gài 的读音很常用，所以，在长期的使用中，有些人就干脆把做姓氏的“盖”也读作 gài 了。

1960 年的《现代汉语词典》（试印本）跟上述《汉语大字典》《汉语大词典》及《最新实用字典》一样，规定“盖”做姓氏时读 gě，不读 gài。后来，该词典注意到许多人把做姓氏的“盖”读作 gài，于是，为了反映现实的读音情况，1965 年的《现代汉语词典》（试用本）中，增添了“盖”做姓氏时读 gài 的音。

总起来说，“盖”做姓氏时，读 gài 读 gě 都可以。但对姓“盖”的人来说，应当坚持一种读法，不宜随意更改。

五三　“杆”的两个读音

“杆”有两个读音：一个是一声 gān，另一个是三声 gǎn。

1.“杆”读一声 gān 时，用于指整根的杆子。例如：

（1）院子的东墙上，靠着两根长长的杆子，一根是木头的，一根是竹子的。

（2）学校的操场上竖着一根旗杆，每天早上学校师生在这里举行升国旗仪式。

（3）他用刷子把路边几根电线杆上的小广告清理干净了。

（4）从很远的地方就可以看见，这艘船的桅杆上挂着一面鲜艳的五星红旗。

(5)水泥杆子上拴着辆自行车。

2.“杆”读三声 gǎn 时,有两种用法:

一是表示器物上的杆状部分。例如:

(6)笔杆儿上刻着几个字。

(7)这是一种老式步枪,枪杆儿比较长。

(8)村头蹲着一位老农,手里拿着烟袋,烟袋杆儿上挂着装烟草的小袋子。

(9)他拿出个秤来,秤杆儿上挂着个秤砣。

(1)至(5)中的“杆”指整根的杆子,所以都读一声 gān,(6)至(9)中的“杆”指器物的杆状部分。例如(6)中的笔除了笔杆儿还有笔尖,(7)中的枪除了枪杆儿还有枪把儿,(8)中的烟袋除了烟袋杆儿还有烟袋锅,(9)中的秤除了秤杆儿还有秤砣,等等。所以都读三声 gǎn。

二是用作量词,多用于杆状物。例如:

(10)站岗的士兵手里拿着一杆枪。

(11)你去拿几杆笔来,让代表们签名。

(12)远处来了一条木船,船上插着几杆旗。

五四 “扛鼎之作”的“扛”怎么读

有人把“扛鼎之作”的“扛”读 káng,有人读 gāng,究竟应当怎样读呢?

“扛”有两个读音,一个是 káng。读 káng 时表以肩承担物体。例如“把铺盖卷扛上”“扛上枪”“扛着锄头”。

另一个读音是 gāng。读 gāng 时表示用双手举起重物。“扛鼎之作”中的“扛鼎”指用双手把鼎举起来，而不是指把鼎扛(káng)在肩膀上，所以应读 gāng。同样，“力能扛鼎”中的“扛”也应读 gāng。

五五 “胳肢”“胳肢窝”中“胳”的不同读音

“胳”的常见读音有三个：

1. 在“胳膊”中读 gē。例如：

(1)他的胳膊(gēbo)上戴着红袖章，上面写着“督查”两个字。

2. 在“胳肢窝”中读 gā。例如：

(2)老王一手提着暖水瓶，一手端着茶杯，胳肢窝(gāzhiwō)里夹着本书。

(3)小周心里有点紧张，不觉胳肢窝(gāzhiwō)里都出汗了。

3. 在“胳肢”中读 gé。例如：

(4)小吴突然胳肢(gézhi)小赵，小赵边笑，边躲。

(5)小郑最怕别人胳肢(gézhi)她的胳肢窝(gāzhiwō)。

五六 “更”在“打更”“深更半夜”中的读音

“更”在“深更半夜”中读 gēng。这里的“更”(gēng)是量词。历史上曾将一夜分为五段时间，每段时间大约两小时，叫一更。例如：

(1)三更半夜的，还不好好睡，你想干吗？

(2)夜静更深的，我可不想上街，明儿早上给你买吧。

过去，在北京话里，把表示夜晚一段时间的"更"读成 jīng。"打更"指旧时代更夫报时。《北京方言词典》(商务印书馆，2010 年版)和《北京话词典》(中华书局，2013 年版)中，都把"打更"的"更"注音为 jīng，这种注音反映了北京话里"更"的读音。在 1937 年出版的《国语辞典》中，表示晚上一个时段的"更"有 gēng、jīng 两种读音。

从上述情况来看，表示夜晚一个时段的"更"的两种读音，实际上是文白异读。过去北京口语音中多读 jīng，后来说得少了，因此现在的读音规范指夜晚的一个时段时，"更"只有 gēng 一读。

五七　"供"在"供应""供认"中的读音

"供"有两个读音。读一声 gōng 时，指"供给；向对方提供某种条件"，例如：

(1)这个作者常给我们提供(gōng)稿件。

(2)子女供(gōng)养父母是天经地义的事情。

(3)该公司还给员工提供(gōng)食宿。

(4)这种新式折叠式自行车现在供(gōng)不应求。

(5)别忘了，是父母供(gōng)你上大学的。

"供"读四声 gòng 时，通常有以下两个意思：

一是"受审者交代或交代的材料"。例如：

(6)犯罪嫌疑人供(gòng)认了犯罪过程。

(7)根据犯人的口供(gòng),侦查员们发现了新的情况。

二是“为祭祀摆设祭品或指祭品”。例如:

(8)村民们每年春天都到这座庙里上供(gòng)。

(9)他看见案桌上的供(gòng)品十分丰盛。

“供应”中的“供”读gōng,“供认”中的“供”读gòng。

五八 “勾当”的“勾”怎么读

“勾”在词语中大多读gōu。例如“勾搭、勾兑、勾画、勾结、勾引”中,“勾”都读gōu。

在现代汉语的常用词语中,只是在“勾当”中,“勾”读去声gòu。例如:

(1)这种勾当肯定是村西头的老张干的。

(2)这种罪恶的勾当令人发指。

五九 “呱”在“呱呱坠地”和“蛙声呱呱”中的不同读音

“呱”是拟声词,有guā和gū两个读音。

1.“呱”用来形容鸭子、青蛙等的鸣叫声时,读guā。例如:

(1)这时听到呱呱(guāguā)的青蛙叫,他知道附近不会有埋伏。

(2)一群孩子在树下乱喊,树上的乌鸦呱呱(guāguā)地叫着,飞走了。

“呱呱(guāguā)叫”除了表示叫声之外,也常用来表示“非常好”的意思。例如:

（3）这真是狗撵鸭子——呱呱（guāguā）叫，绱鞋不用锥子——真（针）好。

（4）他的水彩画画得呱呱（guāguā）叫，甭提多精彩了。

2.“呱”用来形容小孩儿的哭声时，读 gū。例如：

（5）襁褓中的婴儿呱呱（gūgū）而泣，有时是饿了，有时是不舒服。

（6）自打孩子呱呱（gūgū）坠地那天起，母亲便开始了一生无休止的劳碌，着急，操心。

六〇 “骨头”的读法

在 1963 年发布的《普通话异读词三次审音总表初稿》中，“骨头”读 gútou，这是北京土音。1985 年发布的《普通话异读词审音表》对这一规范进行了调整，规定“骨”只有两读，一个是三声 gǔ，一个是一声 gū。此后词典都采用了这两个读音。

“骨”读三声 gǔ 的用例比较多，例如在“骨干”“骨骼”“骨气”“骨肉”“骨（gǔ）头”等词语中要读 gǔ。

读 gū 的用例比较少，在现代汉语中，常见的只有三个词里用到 gū，这就是“骨朵儿”“骨碌”“骨碌碌”。在这三个词里，“骨”都要读 gū。例如：

（1）花儿还没开呢，全是花骨朵儿（gūduor）。

（2）一听见哨子响，他就一骨碌（gūlu）爬起来。

（3）他的眼珠骨碌碌（gūlūlū）地转来转去。

“骨”（gǔ）有三种比喻性的用法：第一种用于人，比喻人有某种品质，例如“骨气”“媚骨”；第二种用于物，比喻起支撑作用的架子，例如“伞骨”“龙骨”（船等的支持结构）；第三种用于诗文，指雄浑有力，例如“风骨”“骨力”。

六一 “冠心病”“花冠”中的“冠”怎么读

“冠”有两个读音：一个是一声 guān，一个是四声 guàn。

1. 读一声 guān 时，意思是“帽子”，例如以下词语中的“冠”都读 guān：

皇冠　桂冠　衣冠　免冠　王冠　怒发冲冠

如果词语的意思是“形状像帽子的东西”，这时“冠”也要读 guān。例如在“花冠”“鸡冠”“鸡冠花”“树冠”中都读 guān。“冠状动脉”是指环绕心脏表面的形状像王冠的动脉，“冠心病”是指冠状动脉的疾病，这两个词中的“冠”都要读一声 guān。

2. 读四声 guàn 时有这样几个意思：

第一，表示“戴（帽子）”，是动词，例如成语“沐猴而冠”中的“冠”要读 guàn，这种用法具有书面语色彩，一般用于文言句式或成语中。

第二，表示“居于第一位”或“排在第一”的意思，这时“冠”也是动词。例如：“勇冠三军”“位冠群臣”。这种用法也有书面语色彩。

第三，表示“冠军”或“第一名”的意思，是名词。例如“夺冠”“三连冠”“学习成绩为全班之冠”“经济效益为同行业之冠”中的“冠”都是这个意思，要读四声 guàn。假如将“夺冠”中的“冠”读成一声 guān，就成了“夺帽子”，显然是错误的。

第四，表示“前面加上（某种名号或称谓）”的意思，是动词。

例如“冠名权”“冠以‘英雄’二字”“冠以顾问的头衔”“他反对在自己的名字前冠以‘著名学者’的称号”中的“冠”要读四声 guàn。

古代的“冠”(guān)跟后来的帽子在形制和作用上完全不同。“冠”是一种装饰,用来束发,戴冠表示礼貌。帽子主要起保暖作用,也用来装饰。

六二　“汗”在“可汗”中读二声 hán

“汗”读四声 hàn 时指人或动物身上出的汗。例如:

(1)把这堆砖头搬完,我俩出了一身汗。

(2)跑完这一段路,他累得汗流浃背。

但是,“汗”在“可汗”中要读二声 hán。“可汗”是古代鲜卑、突厥、回纥、蒙古等族最高统治者的称号,意思是“王”,也称“可寒”“合罕”。《普通话异读词审音表》规定“可汗”读 kèhán。kèhán 这一读音来自突厥语,汉语引进这个词时,保留了原来的读音,并用“可”和“汗”两个汉字来表示。宋元以后,汉文史籍中多将“可汗”简称为“汗”。例如:

(3)昨夜见军帖,可汗(kèhán)大点兵。(《木兰诗》)

(4)至吐门,遂强大,更号可汗(kèhán),犹单于也。(《新唐书·突厥传上》)

(5)一代天骄成吉思汗(hán),只识弯弓射大雕。(毛泽东《沁园春·雪》)

宜注意“可汗”的“可”读四声 kè,不读三声 kě。

六三 “荷”在“荷枪实弹”中的读音

“荷”字有两个读音:一个是二声 hé,另一个是四声 hè。

(一)“荷”表示生在水中的草本植物“莲”的意思时,读二声 hé。例如在“荷花”“荷塘”“荷叶”中读二声 hé。在生活中常说的“荷包”“荷包蛋”中也读二声 hé。

“荷”出现在某些词语中充当音译成分时,也要读二声 hé。例如在“荷兰”“荷兰豆”“荷兰牛”“荷尔蒙”“荷马史诗”“荷马时代”中读二声。

(二)“荷”读四声 hè 的时候有这么几个意思:

1. 表示“背(bēi)或扛”。例如“荷(hè)锄”是说扛着锄头,“荷(hè)枪实弹”是说扛着枪,并且子弹上了膛。

2. 表示“承担或担负”。这时是动词。例如“荷重”“负荷”“荷天下之重任”中的“荷”都是“承担”的意思,都要读四声 hè。

3. 表示“承受的压力或者担当的责任”。这时是名词。例如“肩负重荷”是说肩上承担着重任,其中的“荷”要读四声 hè。

4. 表示“承受恩惠”,多用于书信。例如书信中有时采用“……为荷”的说法。这里的“荷”表承受,也就是“承受恩惠”的意思,是说对方做的事情是对自己的恩惠,是表示感谢的客气话。这里的“荷”要读成四声 hè。

5. 指“电荷(hè)”。例如“正荷”“负荷”中的“荷”都是电荷的意思,要读四声 hè。

“菏”字读二声 hé,是地名用字。山东省西南部的“菏泽”中的“菏”要读二声,应注意“菏”不要错写成“荷”。

六四 “哼”有几个读音

“哼”有两个读音：一个是 hng，另一个是一声 hēng。

（一）“哼”读 hng 时是叹词，意思是“不满”“鄙视”“愤慨”。例如：

（1）哼（hng），他怎么能这么做呢？（不满）

（2）哼（hng），这有什么了不起的！（鄙视）

（3）哼（hng），他们简直是胡作非为！（愤慨）

“哼”（hng）是个叹词，汉语中的叹词总是独立使用的，也就是说，不能附着在句末。这是要格外注意的。

有人会问：“普通话的音节都有元音，hng 这个音节怎么没有元音啊？”是的，这个音节的确没有元音。这是一种特殊情况，是为了准确表示某种特别的语气而设置的音节。除了 hng，还有 m、n、ng 等几个音节。

（二）“哼”的另一个读音是一声 hēng，这时“哼”是动词。读 hēng 时，有以下几个意思：

1. 表示“鼻子发出的声音”，例如：

（4）只听他鼻子里哼（hēng）了一声，没听见他说什么。

（5）他闷闷不乐地哼（hēng）了几声，就走了。

2. 表示“呻吟”。例如：

（6）虽然很痛，但他一声也不哼（hēng），以便不影响医生做手术。

（7）老周被石头砸了，疼得直哼哼（hēngheng）。

3. 表示“低唱或吟咏”。例如：

(8)他靠着窗口，哼(hēng)着一首抒情的歌。(低唱)

(9)在旅途中，高兴的时候，他总喜欢哼(hēng)一首唐诗。(吟咏)

六五 “横”在“横加”跟“横财”中读音不同

“横”的常见读音有二声 héng 和四声 hèng 两个。

(一)“横”读二声 héng 时表下面几种意思：

1. 表“横向”。例如：

(1)横梁上挂着一副盔甲。

(2)横幅上写着四个字：“百折不挠”。

(3)这条船今年夏天将横渡太平洋。

(4)长安街横贯北京城。

(5)现在竖排本很少，图书大多是横排本。

(6)同学们赶快站成三排横队。

(7)从树的横剖面可以看见树的年轮。

(8)要从人行横道过马路。

(1)(2)的“横”指“跟地面平行”，(3)(4)的“横”指“东西方向”，(5)(6)的“横”指“左右方向”，(7)(8)的“横”指“跟长的一边垂直的”。

2. 做动词，表示“把物体横过来”。例如：

(9)把长沙发横过来放，更省地儿。

(10)春潮带雨晚来急，野渡无人舟自横。

3. 形容杂乱。例如：

(11)沧海横流，方显英雄本色。

(12)蔓草横生，田园荒芜。

4. 表“粗暴”。例如：

(13)这些人横行霸道，欺压百姓，群众早已恨之入骨。

(14)有人对此横加指责，是完全没有道理的。

(二)“横”读四声 hèng 时，有两个意思：

1. 表“粗暴”。例如：

(15)你这人怎么这么蛮横(hèng)不讲理啊！

(16)这是一种横(hèng)暴的行为，必须制止。

从上面的例子(13)—(16)可以看出，表示“粗暴”义时，有的“横”读二声 héng，有的“横”读四声 hèng。区别在哪里呢？

区别在于，书面语色彩的词语多读二声 héng，而口语色彩的词语多读四声 hèng。故而成语中表“粗暴”义的“横”多读二声 héng。例如“横加干涉、横行不法、横行天下、横行无忌、横征暴敛”中的“横”读二声 héng，而“这人说话真横”中的“横”读四声 hèng。也就是说，“横”表“粗暴”义时的两种读音，可以理解成“文白异读”。

2. 表“意外的”。例如：

(17)他以为自己发了笔横(hèng)财，殊不知因此锒铛入狱。

(18)这简直是一场飞来横(hèng)祸。

(19)只要自己留心，处事谨慎，就可免横(hèng)灾飞祸。

六六 “红”(hóng)在“女红”中读 gōng

“女红”指旧时代妇女的纺织、缝纫、刺绣等工作。例如：

(1)(平氏)从小学得一手好针线，思量要到个大户人家教习女红度日，再作区处。(明·冯梦龙《古今小说·蒋兴哥重会珍珠衫》)

(2)念奴前身业重，绑十指筝弦箫孔；慵线懒针，几曾解女红。(清·孔尚任《桃花扇·栖真》)

(3)丽嘉早已习惯得很会玩，女红的事，她生来便不屑于作。(丁玲《韦护》第一章)

“女红”的“红”通“工”，指女子的纺织等工作，故工具书均注音为 gōng。《汉书·郦食其传》中说：“农夫释耒，红女下机。”唐代学者颜师古注解说：“红，读曰工。”把“女红”的“红”读成 hóng，是一种误读。

六七 “哄”在“一哄而起”中的读音

“哄”有三个读音：一声 hōng、三声 hǒng、四声 hòng。

(一)读一声 hōng 的时候表示“许多人同时发出声音”或“形容许多人大笑声”。例如：

(1)他这一席话引起听众哄堂大笑。

(2)街上哄传食盐要涨价，不少上当的人忙去抢购。

(3)这段相声引起一次又一次哄笑。

(4)听了这句话，全场观众“哄”地笑了起来。

(5)“哄”的一声，听众大笑起来。

(1)至(3)中的“哄”表示“许多人同时发出声音”，是动词，

(4)(5)中的“哄”形容“许多人大笑声”,是拟声词。

(二)“哄”读三声 hǒng 的时候表示“用话骗人”或“逗人高兴”。例如:

(6)你别哄我,我才不信呢。

(7)狐狸的这种话再也哄不了乌鸦了。

(8)儿媳妇这么一哄,婆婆气全消了。

(9)孩子哭了,还不去哄一哄。

(6)(7)中的“哄”是“用话骗人”的意思,(8)(9)中的“哄”是“逗人高兴”的意思。

(三)“哄”读四声 hòng 的时候,表示“吵闹”。例如:

(10)做这件事要先仔细研究,不能一哄而起。

(11)人们早就听得不耐烦了,现在又听见他这样说,便一哄而散。

(12)同学们听到李强与众不同的回答,边笑边叫好,老师说:“你们别起哄,听他慢慢说。”

有的时候,用“哄”(hòng)所表示的“吵闹”不是“闹事”,而是指一些人同时发声来开玩笑,如(12)。

六八　“划”在“划出一道美丽的弧线”中怎么读

有这样一个句子:“(某种鸟从空中飞过或某种野兽腾空一跃)划出一道美丽的弧线。”其中的“划”该怎么读呢?

“划”有两个读音:二声 huá、四声 huà。

“划”读二声 huá 的时候,有三个意思。

一是表示“拨水前进”。例如:

(1)他游泳的时候,双臂飞快地划水。

(2)今天是星期日,我们去北海划船。

(3)这条赛艇按规定是两人划桨。

二是表示"合算"。例如:

(4)同样是种植蔬菜,反季节种菜比较划得来。

(5)他发现,在这个城市租房比买房划算。

(6)我划不着为这点小事去找经理。

三是表示"在物体上擦过去或者割过去"。例如:

(7)小姑娘又划着了一根火柴。

(8)玻璃刀在玻璃板上划出一道清晰的印儿。

(9)他拔草的时候,被野草划破了手指。

"划"读四声 huà 的时候,意思相对抽象,表示"划分""划拨""筹划"等。例如:

(10)这是一个划时代的事件。

(11)这笔经费已经划给山区的希望小学了。

(12)你们自己筹划吧,就不用县里出谋划策了。

从以上用例可以看出,"(在空中)划出一道美丽的弧线"中的"划"比较符合读 huá 时的第三个意思。也就是说,这句话里的"划"应该读 huá。

这个句子也有人说成"在空中画出一道美丽的弧线"。"画出……弧线"的说法也很自然。

两种说法比较起来,用"划"时,是一种比喻性的说法,是说像在天空擦过一样;用"画"的说法则比较直白。

应当注意，采用比喻性的“划”（huá）的时候，造成的线段的痕迹大多是比较直的，或者是弧形的，这样才跟“划”的动作相吻合。

另外，表示“用东西在物体上做出线段、符号或标记”的意思，要用“画”，不宜用“划”。例如：

(13)他用小刀在树皮上画个圆圈做记号。

(14)侦察员用石头在墙上画了个三角。

“划”虽然也有这个意思，但《现代汉语词典》等工具书认为在这个义项上“同‘画’”。这表明，《现代汉语词典》等工具书认为在这个义项上应当首选“画”而不是“划”。因此在表示这一意思时宜用“画”，不宜用“划”。

六九　“华”在“华山”中读四声 huà，不读二声 huá

“华山”在陕西省华阴市南，是“五岳”之一。“华山”的“华”读四声 huà，不读二声 huá。华山脚下的华阴市的“华”也读四声 huà，不读二声 huá。华阴市西面有华县，华县的“华”也读四声 huà，不读二声 huá。

而福建漳州的华安、云南玉溪的华宁中的“华”则读二声 huá，不读四声 huà。也就是说，跟华山有关的华山附近的地名中的“华”读四声 huà，此外一般读二声 huá。

“华”做姓氏时，读四声 huà，不读二声 huá。例如“华佗”“华罗庚”中的“华”要读四声 huà。

音译的人名、地名都读二声 huá。例如“华盛顿”“华尔街”中的“华”读二声 huá。

七〇 “晃”在“在我眼前一晃”中的读音

“晃”有两个读音：一个是三声 huǎng，另一个是四声 huàng。

1. 读三声 huǎng 的时候，意思是“闪耀；闪过”。例如：

(1)这辆车擦得真干净，太阳底下都有点晃眼。

(2)他拿着手电筒在草地里晃来晃去找钥匙。

(3)坐在高速列车上，只见车窗外的景物一晃而过。

(4)其实这只是虚晃一枪，随后敌人就撤退了。

(5)时间过得真快啊，一晃十几年过去了。

2. 读四声 huàng 的时候，意思是“摆动；闲逛”。例如：

(6)小刘摇头晃脑地吟诵唐诗。

(7)树枝在风中来回直晃。

(8)别老在街上晃来晃去，找点正经事儿干。

(9)他心情不好，在公园里晃了一天。

(10)上班时间就抓紧时间工作，别到处晃荡。

曹禺的话剧《日出》第二幕中有这样一句台词：“(她)在我眼前一晃，就不见了。”这里的“晃”是“闪过”的意思，应该读三声 huǎng。冰心的《晚晴集·空巢》中说：“他老了，我们都老了，一晃就是三十多年呵！”其中的“晃”是“很快地闪过”的意思，也读三声 huǎng。

周而复的长篇小说《上海的早晨》里说：“梅佐贤伸出右手的大拇指在总经理面前晃了晃。”这里的“晃”是“摇动”的意思，应当读四声 huàng。茹志鹃的小说《百合花》里说：“我实在没力气赶了，索性一个人在后面慢慢晃。”这里的“晃”含有“摇晃”

或“闲逛”的意思，结合句意可以理解成“慢慢走”，其中的“晃”宜读四声 huàng。

七一　“会”“桧”“刽”的读音

“会”大多数情况下读 huì，例如在“开会”“会开车”中读 huì。但有时读 kuài。常见的是在“会计”“会计师”“财会”（财务和会计）中读 kuài。“会计”中“会”（kuài）的意思是“总计，合计”。

浙江有个很有名的山，叫会稽山。“会稽山”的“会”也读 kuài，不读 huì。相传大禹在这里大会（huì）诸侯，计功封爵，将这座山命名为“会稽山”。大禹死后，埋葬在会稽山。春秋时，越王勾践被吴国打败后，退居于此。

“桧”（guì）是一种树的名字，这种树四季常青，也叫“圆柏”。“桧”如果用于人名，读 huì。例如南宋害死抗金名将岳飞的奸臣叫“秦桧（huì）”。秦桧的塑像至今“跪”在杭州岳飞墓前，这个被百姓世代唾骂的坏蛋的名字用了“桧”，因此南宋之后，几乎没有人再用“桧”做名字了。

“刽”（guì）常用于“刽子手”一词。“刽”是“砍断”的意思，“刽子手”是旧时代执行斩首的人，后来也用来比喻镇压革命、屠杀人民的人。“刽子手”中的“刽”读 guì。“刽”过去曾有 kuài 的读音，但是现在不这么读了，只读 guì。

七二　“诲”只读四声 huì，不读三声 huǐ

“诲”常有人读 huǐ，其实，这个字只读四声 huì，不读三声 huǐ。例如：

（1）他一直记着老师的教诲（huì），百折不挠，坚持不懈地学习、研究。

（2）张先生多年来一直乐于帮助年轻人，诲（huì）人不倦。

（3）许多年过去了，小刘始终记得校长在毕业典礼上的训诲（huì）。

七三 “混”读四声 hùn，读二声 hún 时宜写成“浑”

“混”读四声 hùn，常见的意思有：

1. 把不同的事物掺杂在一起。例如：

（1）小贩把两种鸡蛋混（hùn）在一块儿卖，顾客看不出来。

（2）这是两件事儿，不能混（hùn）为一谈。

2. 蒙混（进去）。例如：

（3）你是怎么混（hùn）进会场的？

（4）这是一种鱼目混（hùn）珠的做法，是在欺骗消费者。

3. 得过且过地生活。例如：

（5）得抓紧时机学习，大好年华怎么能混（hùn）日子呢？

（6）他做这件工作敷衍了事，混（hùn）了大半辈子，一事无成。

4. 跟他人交往、接触。例如：

（7）在一起工作了两周，他俩就混（hùn）熟了。

（8）几个人常一起出去旅游，混（hùn）得很熟。

“混”还有二声 hún 的读音。不过，“混”读成二声 hún 的时候，现在一般写成“浑”，常见用法有两种：

1. 浑浊。例如：

(9)大雨过后，河水变浑了。

(10)这些人不过是想浑水摸鱼而已。

2. 不明事理。例如：

(11)这孩子简直是个浑球儿。

(12)他是当地的大混蛋，人见人恨。

从遵循规范写法来说，“混”读二声 hún 时，我们宜写成“浑”。不过，当看到别人把读二声 hún 的“混”仍写成“混”，例如写成“混蛋”“混球儿”等时，也不宜将其视为“硬伤”。

七四　“和泥”跟“和稀泥”中“和”的读音

“和”有五个读音，读二声 huó 的时候，指在粉状物中加液体搅拌或揉弄使之团在一起且有黏性。例如：

(1)他和面，我洗菜，你去买肉。

(2)你们把砖都搬过来，再去打一桶水和泥。

(3)双休日老张打算和点儿水泥把院子西面的墙抹平。

(4)冬天快到了，咱们明天和些石灰把墙缝堵严。

读四声 huò 的时候有下面几个意思：

1. 把粉状或颗粒状物掺和在一起。例如：

(5)在豆沙里和(huò)点儿糖，馅儿就好吃了。

(6)把水泥、沙子、石子和(huò)在一起用吧。

(7)这个碗里的绿豆是新的，那个碗里的绿豆是去年的，别和(huò)在一块儿。

(8)那时候,他们常把大米跟小米和(huò)在一起蒸米饭。

2. 加水搅拌使变稀。例如:

(9)可以用白开水,也可以用香油来和(huò)芝麻酱。

(10)给面糊里添些水,再和(huò)稀点儿,就可以摊煎饼了。

(11)杯子里的蜂蜜太稠,加点开水,和(huò)稀一些。

3. 做量词,用于洗东西换水的次数或者一服中药煎的次数,相当于"次""遍"。这种说法在北京话里比较多见。例如:

(12)服用中药一般煎两和(huò)。

(13)这件衣服刚洗了一和(huò),还要再洗。

"和泥"是指加水揉弄使得泥有黏性,其中的"和"读二声huó。"和稀泥"是指加水搅拌变稀,其中的"和"读四声huò。"和稀泥"常用来比喻无原则地调和、折中,其目的是冲淡或者掩盖矛盾。

七五 "藉"在"狼藉""慰藉"中的不同读音

"藉"有两个读音:一个是jí,另一个是jiè。

"藉"读jí时有"杂乱"的意思。"狼藉"指"乱七八糟"或"杂乱不堪",其中的"藉"要读jí。

"藉"读jiè时,有"铺垫"或"垫子"的意思,在"慰藉""蕴藉"中要读jiè。"慰藉"是"安慰"的意思,"蕴藉"是"含蓄"的意思。例如:

(1)我从来信中得知这个消息,心中颇感慰藉(jiè)。

(2)这首诗意味蕴藉(jiè),值得同学们细细品味。

应当注意,表示“凭借”的意思时,要写“借”,不宜写“藉”。此时这两个字是繁简关系。例如“他借此机会发表了自己的感想”不宜写成“他藉此机会发表了自己的感想”。

还应注意“慰藉”“蕴藉”中的“藉”不宜误写成“⺮”字头的“籍”。

七六 “几”在“几乎”中读一声 jī

“几”有两个读音:一个是三声 jǐ,另一个是一声 jī。

(一)“几”读三声 jǐ 时常用来表“对数目的疑问或表示概数”。例如:

(1)该小组一共有几个人?

(2)这次行动我们一共去几个同志?

(3)你带几个人过去看看,嫌疑人是否潜回家中。

(4)小张去给大伙儿买几斤肉包子吧。

此外,在译音的名称中“几”也读三声 jǐ。例如:

(5)他去过非洲的几(jǐ)内亚。

(二)“几”读一声 jī 时常见意思有两种:

1. 矮小的桌子。例如:

(6)这里窗明几净,真是读书的好地方啊!

(7)沙发前面摆着一个玻璃茶几,上面放了杯咖啡。

2. 表“接近”。例如:

(8)有关学者踊跃参会，截至今天上午，报名者几(jī)达千人。

(9)柔肠几(jī)断，珠泪交流。(《红楼梦》第一一九回)

(10)要不是你提醒，我几(jī)乎把这件事儿给忘了，现在就办吧。

(11)听了大夫这些话，老两口几(jī)近崩溃。

应当注意的是，表“接近”的“几”容易误读为三声 jǐ。特别是“几乎”，是个常用词，其中的“几”要读一声 jī。

七七 “奇数”的“奇”读 jī，不读 qí

“奇”有 qí、jī 两个读音。

(一)“奇”读二声 qí 时，表示：

1. 特殊，不平常。例如：

(1)这事儿真是奇妙啊，我从来没遇上过。

(2)院子里用奇形怪状的石头堆成了一座假山。

2. 意料不到的。例如：

(3)这时候，不能硬拼，只有出奇兵，才能取胜。

(4)在偏僻的深山行走，有时会有奇遇。

3. 惊异。例如：

(5)真奇怪，怎么才来了两个人？

4. 非常。例如：

(6)初春时节逢上干旱，再加上鬼子扫荡，根据地粮食奇缺。

(二)“奇”读一声 jī 时，表示“单数的；不成对的”。例如：

(7)这几个数字是奇(jī)数，不是偶数。

“奇零”指整数之外的零头，其中的“奇”读 jī。例如：

(8)奇(jī)零之款，我就不要了。

把“奇数”“奇零”中的“奇”读成 qí 是一种误读。

七八 “济”在“济南”“济州岛”中的读音

“济”有三声 jǐ 和四声 jì 两个读音。

“济(jǐ)水”是古代一条河的名字。济水发源于河南，经山东流入渤海。河南的济源县、山东的济南市、济宁市、济阳县，都因济水得名。因此这些地名中的“济”都要读三声 jǐ。

“济”为动词义时，读四声 jì，主要有三个意思：

1. 表“渡(江河)”。如“同舟共济”。

2. 表“救助”。如“济贫”“接济”“扶危济困”“缓不济急”。

3. 表“有益”。如“假公济私”“无济于事”。

这些词语中的“济”都要读四声 jì。

“济济”是形容人多且阵容强大的样子。其中的“济”读三声 jǐ。因此“济济一堂”“名师济济”“人才济济”中的“济济”都读 jǐjǐ。

“济”用于译音词时，要读四声 jì。例如在“济尔哈朗”(清太祖之侄)、“济慈”(英国诗人)、“斐济”(太平洋上的岛国)中读 jì。“济州岛”是韩国第一大岛，“济州海峡”是韩国西南端跟济州岛之间的水域，这两个词语中的“济”都宜读四声 jì。

在《辞海》(第六版)中，“济州岛”“济州海峡”虽未注音，但我们从这两个词条编排在“济”(jì)字头下而不是编排在“济”(jǐ)字头下的情况可知，该词典认定“济州岛”“济州海峡”的“济”读四声 jì。

七九 “脊梁”中的“脊”读三声 jǐ，不读二声 jí

“脊”读 jǐ，例如：

(1) 山路上走过来一个老汉，脊背(jǐbèi)上背着一个孩子。

(2) 这些人物是中华民族抗日战争中的脊梁(jǐliang)。

(3) 他从山崖上摔下来，脊柱(jǐzhù)发生了骨折，被送到医院。

从上面的例子可以看出，“脊”只读三声 jǐ，不读二声 jí。读二声的人，是受了旧标准的影响，在《普通话异读词审音表》中，“脊”被规定为“统读”三声 jǐ。

“脊梁”一词，在《现代汉语词典》及《汉语拼音词汇》中，均注音为轻声词，因此宜读成 jǐliang，不宜读成 jǐliáng。

八〇 “夹”在“夹击”“夹衣”中的不同读音

“夹”有一声 jiā 和二声 jiá 两个读音。

(一)“夹”读一声 jiā 时，主要有以下几个意思：

1. 表“从两侧同时用力”。例如：

(1) 他用筷子夹起一块鸡肉放进嘴里。

(2) 游击队从山谷两侧夹击鬼子。

(3) 老李胳膊底下夹着个皮包走了出去。

2. 表“处于两者之间”。例如：

(4)两座高山夹着一条河,河水湍急。

(5)他发现书架上的一本书里夹着一张纸条。

3. 表"掺杂;混杂"。例如:

(6)今天晚上有雨夹雪,你早点回去吧。

(7)侦查员觉得人群中夹杂着的几个小贩很可疑。

4. 表"夹子"。例如:

(8)我把文件夹放在办公桌上。

另外,"夹"在音译词中读一声 jiā。例如:

(9)小吴买了件皮夹(jiā)克。

(二)"夹"表示"双层的衣被"时,要读二声 jiá。例如:

(10)秋天到了,穿衬衣不行了,得换上夹(jiá)衣了。

(11)中午午睡的时候,老孙盖上一条夹(jiá)被。

(12)给孩子买件夹(jiá)袄吧,天凉了。

"夹层"指中间有空隙的双层,例如"夹层墙""夹层玻璃"。其中的"夹"读一声 jiā。

从上面的例子可以看出,"夹"只有在表示"双层的衣被"时,才读二声 jiá。

八一 "戛"在"戛然而止""戛纳"中的读音

"戛"读 jiá,常用于"戛然""戛然而止"。例如:

(1)这时,水边的丹顶鹤戛(jiá)然长鸣。

(2)他刚说了半句,却戛(jiá)然而止,不再说了。

(3)这件家用电器超市的打折炒作昨天戛然而止。

(1)中的“戛然”形容响亮的鸟叫声。(2)(3)中的“戛然而止”形容声音或事情等突然中止。

“戛”不读 gā。“嘎”读 gā。例如:

(4)一群鸭子嘎嘎(gāgā)叫着上了岸。

(5)风很大,只听嘎巴(gābā)一声,门前树上一根粗大的树枝被吹断了。

近些年来,人们一般把法国南部城市“戛纳”的“戛”读为 gā。戛纳电影节每年 5 月举办一次,是世界最具影响力的国际电影节之一,因此“戛纳”常见于口语和书面语。为了反映社会语文生活中的这一实际情况,《现代汉语词典》(第 6 版)给“戛”增加了 gā 的读音,专用于“戛纳”一词。

八二　“间”在“间隔”“当间儿”中的读音

“间”有两个读音:一个是一声 jiān,另一个是四声 jiàn。

(一)“间”读一声 jiān 的时候有这样几个意思:

1. 表示“两段时间”或者“两种事物的中间”。例如“课间”“朋友之间”“同志之间”“两山之间”。

2. 指“某个时间或空间”。例如“瞬间”“晚间”“说话间”“民间”“乡间”“田间”。

3. 指“屋子”。例如“操作间”“储藏间”“洗手间”。

4. 做量词,用于屋子。例如“一间卧室”“三间北房”。

(二)“间”读四声 jiàn 的时候,有下面几个意思:

1. 表“空隙”。例如“间隙”“亲密无间”。

2. 表“隔开”。例如“间隔”“间断”“间歇”“黑白相间”。

3. 表“挑拨使不和”。例如“离间”“反间计”。

4. 表“除去(多余的)”。例如“间苗”“间梨树花”。

从上面的比较可以看出,读一声 jiān 的时候,多表示一定的时间或空间;读四声 jiàn 的时候,多表示“空隙”“隔开”一类意思。

“当间儿”(dāngjiànr)一词指“中间”,即位于中央的一块地方。例如:“堂屋当间儿放着一张桌子”“广场当间儿是做花坛”。这是口语中常说的词,一般说成儿化词。特别要注意的是,其中的“间”读四声 jiàn。

在港澳等地,“间”(jiān)做量词时,还用于店铺、工厂、学校、公司、医院等。例如“开了一间小店”“一间学校的门口”“这间医院离地铁站很近”。

八三 江姐的名字“江竹筠”怎么读

一部电视剧中把江姐的名字“江竹筠”读作 Jiāng Zhújūn,这种读法不对。

应当读 Jiāng Zhúyún。“筠”(yún)指竹子外面坚韧的青皮,人们用“竹筠”来比喻坚贞的品格。例如唐代诗人刘禹锡说:“坚贞竹有筠。”江姐名字的寓意也正在此。

八四 “酵母”“发酵”中的“酵”读 jiào

“酵”字只读 jiào,不读 xiào。因此在“酵母”“发酵”等词语中均读 jiào。

口语中有人读 xiào,是误读。不过,过去“酵”的确有 xiào

的读音。例如20世纪20年代的《国音白话注学生词典》中说“酵”除了读jiào外,“今亦读xiào”。30年代的《国音常用字汇》中,也说“酵”“又读”xiào。社会上有的人根据“酵”字右偏旁是“孝”,将“酵”读成xiào。《普通话异读词审音表》(1985年)规定,“酵”“统读”jiào,现在的工具书都遵循这一做法。因此我们宜将“酵”读成jiào。

八五　“结”的两个读音怎么读

“结”有两个读音:一个是一声jiē,一个是二声jié。许多人常常搞错。例如,“结婚”“结合”“张灯结彩”等词语中的“结”,经常有人读错为jiē。

《普通话异读词审音表》中规定:“结”除了在“结了个果子”“开花结果”“结巴”“结实”中读jiē外,其他的情况都读jié。

所以,只要记住“结”在这几个词语中的读音,就能正确掌握“结”的两个读音了。据此,我们能够很容易地判定,前面提到的“结婚”“结合”“张灯结彩”中的“结”应读为jié。

“结合”跟“接合”不同。“结合”可用于人,也可用于物,用于人时特指结为夫妻;“接合”一般用于物,多用于道路、绳索等条状物。“结合”指相互融合,最终结为一个整体;“接合”的各部分是各自独立的,只是接触的部分连在一起。“结合”可以带宾语,例如“理论研究要结合实际”。“接合”不能带宾语。

八六　“尽”在“尽量”中的两种读音

“尽”有三声、四声两个读音。

“尽”读三声jǐn,表“力求达到最大限度”的意思时,容易跟

“尽”读四声 jìn，表“全部使出或用出”的意思发生混淆，因而影响了读音的准确性。

“尽”读三声 jǐn，表示“力求达到最大限度”，也就是表示“争取最大可能”。例如：

(1)明天的路很远，我们还是尽早出发吧。

(2)他尽着平生的力气往外一推。

(3)在做这项群众工作的时候，我们应当尽可能地减少差错。

(4)要尽快修好这条公路，以便让村里的山货早日运出去。

“尽”读四声 jìn，表示“全部使出或用出”，也表示“竭力做到”。例如：

(5)这件事儿虽然没办成，但是他已经尽心了。

(6)战士们尽全力搜救废墟里的幸存者。

(7)我很想回到母亲身边尽自己的一份孝心。

(8)这些教师都尽职尽责地做好自己的工作。

“尽量”的“尽”读三声 jǐn 时，表示“力求达到最大限度”。例如：

(9)这两天我尽量抽时间去医院看望他。

(10)这篇文章的语言有点拖泥带水，叙述的话语应该尽量简明一些。

(11)他表示，这件事，一定尽量办好。

“尽量”的“尽”读四声 jìn 时，表示“达到最大限度”或“达到极限”。例如：

(12)饭要吃饱，酒不要尽量。

不过,在目前的社会语文生活中,“尽(jǐn)量”使用较多,“尽(jìn)量”使用甚少。

八七 “劲”在“强劲”中的读音

“强劲”的“劲”常有人读 jìn,这是误读。

“劲”读 jìn 时,表“力气”等意思,是名词性的。例如“跑了一整天,现在浑身没劲了”中的“劲”读 jìn。“强劲”是“强有力”的意思,其中的“劲”是形容词性的,意思是“坚强有力”,应当读 jìng 。

除了“强劲”中的“劲”读 jìng 外,“劲”在其他词语中,只要是形容词性的,表示“坚强有力”这个意思,就要读 jìng。例如,在下列词语中要读 jìng:

劲拔　劲敌　劲旅　劲松　刚劲　疾风知劲草

应当注意将名词性“劲”(jìn)的读法和形容词性“劲”(jìng)的读法分开,尤其不要将形容词性的“劲”误读为 jìn。

八八 “禁”在“不禁”中读一声 jīn,不读四声 jìn

“禁”有四声 jìn 和一声 jīn 两个读音。

(一)“禁”读四声 jìn 时,意思有:

1. 表“禁止”。例如:

(1)严禁携带易燃物品上火车。

2. 表“关押”。例如:

(2)这位将军实际上被软禁在家中了。

3. 表“法令或风俗不允许的事”。例如：

(3)这么做在部队中是违禁的。

(4)有的事情在当地是犯禁的。

4. 过去对皇宫的称谓。例如：

(5)宫禁之中平时总是静悄悄的。

(二)“禁”读一声 jīn 时，有两个意思：

1. 表“承受；承受得住”。例如：

(6)经过锻炼，她再也不是弱不禁(jīn)风的人了，身体很结实。

(7)再结实的家具也禁(jīn)不住你这么糟蹋。

(8)深颜色的衣服比较禁(jīn)脏。

2. 表“忍住”。例如：

(9)他感到一阵寒意，禁(jīn)不住打了个寒噤。

(10)听了这几句话，老冯情不自禁(jīn)地笑了起来。

(7)跟(9)中都有“禁不住”，其中的“禁”都读一声 jīn，但意思不同，前者表“承受”，后者表“忍住”。

“不禁”是“忍不住”的意思，其中的“禁”要读一声 jīn。例如：

(11)他听到如此精彩的京剧唱段，不禁(jīn)高兴地鼓起掌来。

八九　“颈椎”的“颈”读三声 jǐng，不读四声 jìng

“颈”读三声 jǐng，指“脖子”或“器物像脖子的部位”。例如：

(1)动物园里的长颈(jǐng)鹿能把头伸出来吃树上的树叶。

(2)听说练习健身球能帮助治疗颈(jǐng)椎病。

(3)瓶颈(jǐng)上挂着一个牌子,上面写着产地、价格。

口语中有人把“颈”读成四声 jìng,是一种误读。

“颈”一般读三声 jǐng,只是在“脖颈儿”一词中读 gěng。“脖颈儿”指脖子的后部。例如:

(4)他摸了摸脖颈(gěng)儿,觉得没受伤,就走了。

在北京话里,“脖颈儿”有时也说成“脖颈子”,这时“颈”仍读 gěng。例如:

(5)我老了,土都埋脖颈(gěng)子了,还是让年轻人干吧。

九〇 “灸”读三声 jiǔ,不读一声 jiū

“针灸”的“灸”读三声 jiǔ,有人误读为一声 jiū。

“灸”是中医的一种疗法,指用燃烧的艾绒熏灼人体的穴位。“灸”是形声字,在金文中就出现了,“火”是形旁,“久”是声旁,在《广韵》中是上声字,在普通话中只读三声 jiǔ。例如:

(1)这个病经过一段时间的针灸(jiǔ)治疗,取得了意想不到的治疗效果。

(2)灸(jiǔ)疗的理论基础是经络学说。

虽然在北京口语中,有的人读一声,但我们还是应该按照《现代汉语词典》等工具书中的规范读音,将“灸”读成 jiǔ。

九一 “咎由自取”中的“咎”读四声 jiù,不读一声 jiū

“咎”常见的意思有两个:

1. 过失;罪过。例如:

(1)这场事故,有关领导应当引咎自责,而不是相互推卸责任。

(2)他的贪腐行径被发现,锒铛入狱,是咎由自取。

2. 追究罪过;责备。例如:

(3)只要对方放下武器,我们可以既往不咎。

(4)他感到自己动辄得咎,真不知道怎么办才好。

"咎"读四声 jiù,有人读一声 jiū,是误读。

九二　"绢"读四声 juàn,不读一声 juān

"绢"指薄而坚韧的丝织品,例如:

(1)绢本指写在绢上或画在绢(juàn)上的字画。

(2)用各种颜色的绢仿制的花卉被称为绢(juàn)花。

(3)丝绢(juàn)布可喷绘个性化图案,例如新婚照,旅游留念,全家福等。

(4)她将手绢(juàn)放进脸盆,洗了起来。

(1)至(4)中的"绢"都读四声 juàn,有人读一声 juān,是误读。

九三　"角斗"的"角"怎么读

"角斗"应该读 juédòu。

《普通话异读词审音表》规定"角"的读音有两个:一个是 jiǎo,另一个是 jué。

"角"读 jiǎo 时,表示牛、羊等头上的硬东西,像"角"的东西,边沿等意思。例如:

(1)牛、羊的角都有自卫的功能。

(2)我很喜欢吃豆角焖面。

(3)桌子角上搁着一个杯子。

(4)今天上几何课,需要带量角器。

(5)战斗的号角已经吹响。

(6)即使走到天涯海角,也不会忘了家乡的美食。

“角”表示“角色”“演员”“竞赛”等意思时读 jué。例如:

(7)不论演主角还是配角(jué),他都很认真地去表演。

(8)她是黄梅戏的名角(jué)儿,演过《天仙配》。

(9)两个球队的这场角(jué)斗持续了两个小时。

(10)有 10 个选手参加了最后一轮角(jué)逐。

有人把“角斗”的“角”读成 jiǎo,是一种误读。

九四　“倔”单说时读四声 juè,在“倔强”中读二声 jué

“倔”用来形容人的性情刚强而固执。单说的时候读四声 juè。例如:

(1)看门的老头儿脾气特倔(juè),还是你去问问他吧。

(2)好几个人都劝不过来,他可真倔(juè)呀。

(3)我爸就是这倔(juè)脾气,谁也没办法。

(4)你们俩真是倔(juè)到一块儿去了。

(5)他倔(juè)? 我比他还倔(juè)!

“倔强”的意思是“刚强不屈”。在双音词“倔强”中,“倔”要读二声 jué。例如:

(6)这人性格倔强(juéjiàng),不听人劝,我可不想跟他共事。

(7)你还年轻,待人接物不能这么倔强(juéjiàng),要改一改。

(8)性情倔强(juéjiàng)的人,不容易听进别人的意见。

(9)这位运动员性格挺倔强(juéjiàng)的,不服输,训练很刻苦。

(10)唉,这孩子脾气这么倔强(juéjiàng),我担心他以后会吃亏。

应当注意,“倔强”的“强”要读 jiàng,不读 qiáng。

此外,口语中有时说“倔头倔脑”,常用来形容态度、言行生硬。“倔头倔脑”的口语色彩明显,其中的“倔”读四声 juè。例如:

(11)这小伙子倔(juè)头倔(juè)脑的,派他去办不成事儿。

(12)那个服务员倔(juè)头倔(juè)脑的,服务态度不好。

(13)你要找个随和一点儿的,别找个倔(juè)头倔(juè)脑的。

九五 “菌种”的“菌”怎么读

“菌”字有两个读音:一个是一声 jūn,另一个是四声 jùn。

表示“细菌”的意思时读一声 jūn。例如在下列词语中读一声 jūn:

细菌 病菌 杆菌 无菌 菌肥(细菌肥料的简称) 菌苗(用细菌培养的能使机体产生免疫力的疫苗)

表“真菌”时也读一声 jūn。例如在下列词语中读一声 jūn:

真菌　酵母菌　青梅菌

但是,表示真菌中的伞菌科(种类很多,有的能食用,例如香菇)植物时,读四声 jùn。例如在“香菌”“菌子”“野山菌”中读四声 jùn。

“菌种”有两个意思,一个意思是“制造免疫菌苗的病原微生物”。这时,“菌”的意思是“细菌”,应当读一声 jūn。

“菌种”的另一个意思是指栽培蘑菇等所用种苗。这时,“菌”指伞菌科植物,应当读四声 jùn。

九六　“卡”在“弹壳儿卡住了”中的读音

“卡”有两个读音:一个是 qiǎ,另一个是 kǎ。

(一)“卡”读 qiǎ 时有动词和名词两种用法。做动词时表示“夹住”一类意思:

1. 表“夹住;不能活动”。例如:

(1)枪膛被弹壳儿卡(qiǎ)住了。

(2)鱼刺卡(qiǎ)在嗓子眼儿了,得去医院。

2. 表“用虎口紧紧按住”。例如:

(3)这个游击队员悄悄摸过去,猛然卡(qiǎ)住敌人哨兵的脖子。

(4)歹徒的双手被勇敢的民警卡(qiǎ)得死死的,动弹不得。

3. 表“控制或阻拦”。例如:

(5)财务处对出国考察的支出,卡(qiǎ)得很紧,这是很正确的。

(6)部队在这里设伏，卡(qiǎ)住了鬼子的退路。

“卡(qiǎ)”做名词则表示“夹东西的器具或者检查站、岗哨”。例如：

(7)这个发卡(qiǎ)的颜色很漂亮。

(8)新买的衬衣领子上有个小卡(qiǎ)子。

(9)敌人在西城门设卡(qiǎ)，盘查来往行人。

(10)这个哨卡(qiǎ)位于海拔四千米的高山上。

(二)“卡”读 kǎ 时，用于译音的外来词。例如：

(11)我原先用资料卡(kǎ)片，现在不用了，资料都存在电脑里。

(12)这时它放出的热量大约有 800 卡(kǎ，热量单位“卡路里”的简称)。

(13)现在干什么都要刷卡(kǎ)，去银行用信用卡，坐公交要用交通卡。

(14)好心的卡(kǎ)车司机开车跑了十几里，把几个伤员送进了医院。

九七　“槛”在“门槛”中读 kǎn，在“曲槛”中读 jiàn

“槛”有两个读音：一个是 kǎn，另一个是 jiàn。

1.“槛”读 kǎn 时，指门框下部挨着地的横木或石条。例如：

(1)走至堂屋，只见小丫头丰儿坐在房门槛(kǎn)儿上。(《红楼梦》第七回)

(2)门口是两扇大红门，下面的门槛(kǎn)很高。

(3)名牌大学门槛(kǎn)儿高,多数学生望而生畏。

(4)跨过这道门槛(kǎn),后面的路就好走了。

(1)(2)中的“门槛”是实指,(3)(4)中的“门槛”则是比喻性的用法。

2.“槛”读 jiàn 时,指“栏杆”。例如:

(5)阁中帝子今何在?槛(jiàn)外长江空自流。(唐·王勃《滕王阁序》)

(6)走廊虽已残破,但仍有些残余的矮槛(jiàn)。

另外,“槛”读 jiàn 时,也指关动物的栅栏或押送犯人的囚笼。例如:

(7)兽槛(jiàn)里关着一头狼。

(8)槛(jiàn)车里的犯人是押往京城的。

“槛”读 kǎn,在生活中比较多见;读 jiàn,则多见于文言诗文或书面语。

另外,“门槛”跟“门坎”是一组异形词,现在一般以“门槛”为规范词形。

九八 “壳”在“躯壳”中的读音

“壳”有文读和白读两个读音。文读是 qiào,白读是 ké。在书面语色彩的词语中文读。例如:

(1)虾和螃蟹都是甲壳(qiào)动物,这一带水域养殖的不少。

(2)地壳(qiào)由坚硬的岩石组成,大陆地壳(qiào)平均厚度为 35 千米。

(3)壳(qiào)菜是一种软体动物,生活在浅海区。

(4)他用金蝉脱壳(qiào)之计,逃离了敌人的虎口。

在口语色彩的词语中白读。例如:

(5)这是由报废的汽车壳(ké)子改装的。

(6)他在海边捡了许多好看的贝壳(ké)儿。

白读时常单说。例如:

(7)桌子上有一堆鸡蛋壳(ké)儿。

(8)孩子的口袋里有个子弹壳(ké)儿。

(9)他把地上的花生壳(ké)扫到簸箕里。

单说的"壳"在口语中多儿化,儿化后的"壳儿"往往有"小而圆"的含义。"躯壳"一词中的"壳"出现在书面语色彩的词语中,宜读 qiào。

九九　"坷"在"坎坷"中读三声 kě,不读一声 kē

"坎坷"指道路高低不平。例如:

(1)山间小路,坎坷难行。他们走到天黑才到达。

(2)村外的道路原先坎坷不平,现在修了公路,进城方便多了。

"坎坷"也用来比喻人生的道路不顺利。例如:

(3)这位先生一生坎坷,吃了很多苦,但仍矢志不移地研究科学。

(4)他经商多年,历经许多坎坷,终于取得较大成果。

"坎坷"读 kǎnkě,应注意其中的"坷"读三声 kě,不读一声 kē。

一〇〇　“溘然长逝”中的“溘”读 kè，不读 hé

“溘然长逝”中的“溘”是“忽然”的意思。再如：

（1）朝露溘至，握手何言？（南朝梁·江淹《恨赋》）

（2）最后，孙先生连呼“和平奋斗救中国”数声，溘然长逝！（何香凝《回忆孙中山和廖仲恺》）

“溘”读四声 kè，有人读 hé，是一种误读。

一〇一　“空地”“空缺”中的“空”读四声 kòng，不读一声 kōng

“空”有两个读音，一个是一声 kōng，另一个是四声 kòng。

（一）“空”读一声 kōng 的时候，是形容词，表示“里面没有东西”等。例如：

（1）地上有两个空瓶子，小刘捡起来扔到垃圾桶里。

（2）教室里空无一人，讲桌上搁着个空盒子，里面没一根儿粉笔。

（3）他又白跑了一趟，空着手回来了。

（4）这篇文章内容太空泛，没什么东西。

（5）我已经把房子腾空了，你往里搬吧。

（二）“空”读四声 kòng 的时候有动词、形容词、名词三种用法：

1. 做动词，表示“使空缺；腾出来”。例如：

（6）每段文字的开始，要空（kòng）两格。

（7）下周我要空（kòng）出一天时间陪家人去景山公园。

（8）这两排座位之间为什么空（kòng）出一块地方？

(9)我打算把东边那间房子空(kòng)出来,放好多盆花儿。

(10)咱们把后院空(kòng)出一块地方种西红柿吧。

2. 做形容词,表示“没有被占用的”。例如:

(11)这层楼还有三个空(kòng)房间,你们看看行不行。

(12)后院有两个空(kòng)教室,可以做阅览室。

(13)船上还有些空(kòng)船舱,这些货物就放在那儿吧。

3. 做名词,表示“没有被占用的时间或空间”。例如:

(14)下礼拜太忙,一点儿空(kòng)都没有。

(15)这儿还有点儿空(kòng),你就挤一挤坐这儿吧。

(16)老五啊,你忙是忙,可总得抽空(kòng)去看看奶奶啊。

“空地”“空缺”中的“空”是形容词,表示“没有被占用的”,因此宜读四声 kòng。

“空城计”是说城里没有兵将,因此其中的“空”要读一声 kōng。

“空(kōng)心”是说内部是空的,例如“空心萝卜”是说萝卜中间没长实,“空心菜”则指一种茎秆中空的菜。

“空(kòng)心”则指没吃东西,使得肚子空(kōng)着。例如:

(17)这种药您得空(kòng)心吃。

(18)先吃点儿东西垫一垫,省得一会儿喝空(kòng)心酒。

一〇二 “夸父逐日”中的“夸”读一声 kuā,不读四声 kuà

“夸父逐日”中的“夸父”是古代神话中的人名。“逐日”是“追赶太阳”的意思。这个故事被用来比喻征服自然的坚强决心，也比喻自不量力。

“夸”是姓氏。《姓觿·麻韵》中说：“夸，《路史》云：黄帝裔，夸父之后。”“夸父”的“夸”不是简化字，在繁体字中仍写作“夸”。

“夸父”的“夸”读一声 kuā，有人读四声 kuà，是一种误读。

一〇三　“乐”在“不亦乐乎”中读 lè，不读 yuè

《论语·学而》中说：“有朋自远方来，不亦乐乎！”意思是：有朋友从远方来，不也是很快乐的吗？”现在常用“不亦乐乎”表示达到了很高的程度。例如：

(1)这些天他忙着办会，忙得不亦乐乎。

(2)两个人争论得不亦乐乎，也没争论出什么名堂。

在《现代汉语词典》等工具书中，“不亦乐乎”中“乐”的读音是 lè，而不是 yuè。有人读 yuè，是误读。“不亦乐乎”中的“乐”是“快乐”的意思。

一〇四　“勒令”中的“勒”读四声 lè，不读一声 lē

“勒”是个文白异读字，文读是 lè，白读是 lēi。

一般来说，在古诗文、成语、双音词中文读 lè。例如：

(1)辇前才人带弓箭，白马嚼啮黄金勒(lè)。(唐·杜甫《哀江头》)

(2)(年羹尧)勒(lè)娶蒙古贝勒七信之女为妾。(清·陈康祺《燕下乡脞录》卷七)

(3)你们若不悬崖勒(lè)马，必将自食恶果。

(4)该作家只用寥寥数语便勾勒(lè)出一个生动的人物形象。

(5)这些家伙只知勒(lè)索百姓,干不出什么好事。

(6)现在还不能采取措施强行勒(lè)抑物价。

在口语中单说时,白读 lēi。例如:

(7)大车上有个大口袋,口袋上勒(lēi)了几道绳子。

(8)看来,这两年我们还得勒(lēi)紧裤腰带过紧日子。

(9)这带子太紧了,给我肩膀勒(lēi)得生疼,你帮我松一松。

(10)绳子太细了,有点勒(lēi)手,换个粗点儿的吧。

不过,在个别口语色彩明显的双音词中,"勒"要白读 lēi。例如:

(11)他们太困难了,切不可再去勒掯(lēiken)人家。

(11)中的"勒掯"是"强迫或故意为难"的意思,多见于口语,有方言色彩。

"勒令"是双音词,其中的"勒"宜文读为 lè。

此外,"弥勒"是佛教的菩萨之一,其中的"勒"文读为 lè。

一〇五 "累"在"累累"中的两种读音

"累"有三个读音:一个是四声 lèi,另一个是二声 léi,还有一个是三声 lěi。

(一)"累"读四声 lèi 的时候,有两个意思:

1. 表"疲乏"或"使疲乏"。例如"劳累""今天有点儿累""慢慢干,别累着您""别累坏了身体"。

2. 表“操劳”。例如“你累了一天,歇会儿吧”“为了孩子,她累了大半辈子”。

(二)“累”读二声 léi 的时候,一般仅见于“累累”和“累赘”两词。

“累累”常用来表示“连接成串,且多”。例如“果实累累”“硕果累累”。另外,“累累”在书面语中,也表示“消瘦颓丧的样子”。不过这种用法很少见,常见的只出现在“累累若丧家之犬”的说法中。

“累赘”表示“多余或麻烦”“使人感到多余或麻烦”“多余或麻烦的事物”。例如“这几个句子显得有些累赘,可删去。”“我另外想办法,不想累赘你们了。”“这些东西现在成了累赘,还是扔掉吧。”

(三)“累”读三声 lěi 的时候,表示这么几个意思:

1. 表“堆积”。例如“积累”“日积月累”“危如累卵”。

2. 表“连续”。例如“长年累月”“连篇累牍”。

3. 表“多次”。例如“累建军功”“累教不改”。

4. 表“牵连”。例如“累及”“连累”“拖累”。

值得注意的是,“累累”读三声 lěilěi 时,表示“堆积得多”,例如“罪行累累”;而“果实累累”中的“累累”读二声 léiléi,表示“成串且多”的意思。两者的读音和意思都不同。

一〇六 “莅临指导”中的“莅”读 lì,不读 wèi

“莅”现在一般用来表示“来;到”的意思,含有尊敬的意味,多用于书面。例如:

(1)此事前曾面托,便中希莅寓一谈为祷。(鲁迅《致吴朗西》)

(2)水利局张局长周五将莅会致辞。

(3)盼先生能于校庆之日莅校。

(4)新部长已于昨日莅任。

“莅临”是“来到”的意思,含敬意。例如:

(5)研讨会将于下周二举行,我们都希望您能莅临指导。

(6)莅临会场的,还有省里的有关领导和几位专家学者。

“莅”只读 lì,有人读成 wèi,是误读。

一〇七 “殓”读四声 liàn,不读三声 liǎn

“殓”的意思是“把死者装入棺木”。“殓”读四声 liàn。例如:

(1)还是尽快将去世的人入殓(liàn)吧,入土为安嘛。

(2)装殓(liàn)之后,举行了哀悼仪式。

表示“装殓”,最初用“收敛”的“敛”,是“敛藏不露”的意思。“殓”是后起的形声字,见于隶书。把“装殓”的“殓”(liàn)读成三声 liǎn 是一种误读。

一〇八 “量”在“量身定做”中的读音

“量”有两个读音:一个是二声 liáng,另一个是四声 liàng。

(一)“量”读二声 liáng 的时候,表示“用某种工具测定”。例如:

(1)我去医院先量血压，然后量体温，最后量一下体重。

(2)找把皮尺，咱们来量一下这间房子的面积。

(3)用量角器测量一下角 A 的大小。

(4)这片土地需要重新丈量一下。

在有的双音词中，“量”(liáng)表“估计”的意思，但这些词的“量”在口语中常读成轻声。例如“打量”“掂量”“端量”“估量”“酌量”等。

(二)“量”读四声 liàng 时主要有以下几个意思：

1. 指容纳的限度。例如“容量”“胆量”“度量”“饭量”“酒量”“气量”等词语中的“量”读四声 liàng，表示容纳或者承受的限度。

2. 指数量。例如“产量”“大量”“流量”“饱和量”“信息量”“降雨量”等词语中的“量”读四声 liàng，表示数量的多少。

3. 表“估计”。例如“量才录用”“量力而行”“量入为出”“量体裁衣”“不自量力”等词语中的“量”读四声 liàng，表示估计、衡量的意思。

现在人们常说的“量身定做”跟“量体裁衣”中的“量”的意思相同，也表“估计”，因此也应读四声 liàng，不宜读二声 liáng。

一〇九　刘禅的“禅”怎么读

三国时代刘禅的“禅”，有人读 chán，有人读 shàn。哪种读法正确呢？

“禅”读 chán 的时候，表跟佛教有关的几个意思，例如禅宗、禅学、坐禅等。

“禅”读 shàn 时，有“帝王祭祀山川土地”“以帝位让人”“传授”等意思。《三国志·蜀书三》记载：“后主讳禅，字公嗣，先主子也。”由此可知，刘禅字“公嗣”。“公”是对人的敬称，“嗣”有“继承君位”“君位继承人”“继承”等意思。

古人的“名”跟“字”之间存在某种语义联系。例如跟刘禅同时代的诸葛亮的“名”是“亮”，字是“孔明”。这儿的“孔”是“大”的意思，“孔明”就是“大明”（见《古人名字解诂》，语文出版社，2003 年版）。“孔明”跟诸葛亮“名”中的“亮”的意思是相近的。

从“名”跟“字”的语义联系来说，“禅”（chán）表示的佛教事物跟“嗣”的几个义项没有明显联系；“禅”（shàn）表示的“传授”跟“嗣”表示的“继承”或“继承君位”等有一定语义联系。因此，刘禅的“禅”应读 shàn。

刘禅的“名”跟“字”，或许是刘备起的，那么其中的“传授”和“继承”，反映出先主刘备希冀刘禅继承帝位并传之后代的企望。

另外，《三国志·蜀志·杜琼传》说：“先主讳备，其训具也，后主讳禅，其训授也。如言刘已具矣，当授与人也。”这段议论，可以看作“刘禅”的“禅”跟佛教事物无关，而应读 shàn 的一个旁证。

一一〇 “弄堂”的“弄”读 lòng，不读 nòng

“弄”一般读 nòng。例如：

（1）别把人家的东西弄坏了。

（2）这活儿不大，一会就弄完了。

（3）唉，这事儿弄得全家都不高兴。

(4)他是个玩弄权术的老手。

(5)你慢慢弄,弄好了叫我。

但是,在表示"小巷"的意思时读 lòng,常见的是在"里弄""弄堂"这两个词中读 lòng。这两个词有方言色彩。例如:

(6)弄(lòng)堂口有个小摊子,卖香烟水果。

(7)这片城区在改建之中,旧里弄(lòng)拆掉了一些。

这两个词中的"弄"(lòng)常有人误读成 nòng。

一一一 "镂空"的"镂"读四声 lòu,不读二声 lóu

"镂"是"雕刻"的意思。例如:

(1)匠人在金杯的上部镂刻了一行文字,说明制作的缘由和时间。

(2)锲而不舍,金石可镂,只要坚持不懈,必有成就。

"镂空"指在物体上雕穿刻透,显示出花纹或文字。例如:

(3)这个镂空的象牙球非常精美,吸引了不少观众。

"镂"字读四声 lòu,有人读二声 lóu,是一种误读。

"镂"跟"刻"虽然都表示"刻",但用法略有不同。过去一般把在金属上刻,叫"镂";把在木头上刻叫"刻"。《尔雅·释器》中说:"金谓之镂,木谓之刻。"

一一二 "掠夺"的"掠"读四声 lüè,不读三声 lüě

"掠"字常见的用法有二:

1. 表"抢夺"。例如:

(1)强盗们掠走了村民的粮食和牲畜。

(2)鬼子兵烧杀掳掠,无恶不作。

2. 表“轻轻擦过或拂过”。例如:

(3)山风从树梢掠过,传来一阵风声。

(4)一只燕子轻巧地掠过水面。

(5)她用手轻轻地掠了一下额前的短发。

上面例句中的“掠”都读四声 lüè。有人把“掠”读为三声 lüě,是一种误读。

一一三 “落”在“落得个身败名裂”中的读音

“落”主要有三个读音:一个是 luò,另一个是 lào,还有一个是 là。三个都读四声。

(一)“落”读 luò 的时候,有以下几个意思:

1. 表“掉下来”“降落”“跌入”。例如:“落泪”“陨落”“瓜熟蒂落”“潮起潮落”“水落石出”“价格回落”“落水”“落网”“落汤鸡”。

2. 表“掉在后面”。例如“落伍”“落选”“名落孙山”。

3. 表“由盛而衰”。例如:“衰落”“沦落”“破落”。

4. 表“停留”“停留的地方”。例如:“落脚”“话音未落”“下落”“着落”。

5. 表“聚居地”。例如“村落”“院落”“部落”。

6. 表“得到”“归属”。例如:“落空”“落得个身败名裂”“大权旁落”“重担落在肩上”。

7. 表“用笔写”。例如“落笔”“落款”“落墨”。

（二）“落”读 lào 的时候，意思跟读 luò 的时候相同，只是这种读音多用于口语，而 luò 多用于书面语词语。也就是说，“落”是个“文白异读”字。有些口语中常说的词语中“落”读 lào，例如在“落不是”“落汗”“落价”“落埋怨”“不落忍”中读 lào。在口语化的语句中“落”字单说多读 lào，例如“落下一身病”“落不下几个钱”中“落”读 lào。

因此，《红楼梦》第三十四回中，袭人说的“便是我们做下人的伏侍一场，大家落个平安，也算是造化了”中的“落”应读 lào。

（三）“落”读 là 的时候，表示“遗漏”或“忘东西”。例如“一字不落（là）”“这儿落（là）下三句话”“别把东西落（là）喽”“我落（là）了本书”。

一一四　“埋怨”的“埋”读 mán，不读 mái

“埋”有两个读音：一个是 mái，另一个是 mán。

（一）“埋”读 mái 的时候，有两个意思：

1. 表“用土、沙子、雪、落叶等盖住”。例如：

（1）几个战士埋好地雷之后，又用树枝把表面的痕迹清扫干净。

（2）我的那把铁锹埋在沙子里了，今天上午才发现。

（3）几只死去的动物被雪埋得很深。

2. 表“隐藏”。例如：

（4）游击队埋伏在山路左侧，等着敌人出现。

（5）他隐姓埋名过了许多年，最近人们才知道他是位了不起的英雄。

(6)你就把埋在心里的话都说出来吧。

(二)“埋”读 mán,现在仅见于“埋怨”一词。例如:

(7)你就别埋(mán)怨别人了,先想想自己有哪些地方做得不周到。

(8)事后光互相埋(mán)怨没用,要多总结经验才对。

(9)不埋(mán)怨别人,努力学习,总结教训,就一定能不断前进。

有人把“埋怨”的“埋”读成 mái,是一种误读。

一一五 “蔓”在“枝蔓”中的读音

普通话水平测试朗读作品 3 号《丑石》中“枝蔓”的“蔓”,有人读 màn,有人读 wàn,“枝蔓”的“蔓”究竟应当怎样读呢?

“蔓”字有三个读音。在“蔓菁(mánjing)”中读 mán。

此外,“蔓”是文白异读词。

在合成词中读四声 màn。例如在“蔓草”“蔓草难除”“蔓生”“蔓生植物”中读四声 màn,这时“蔓”指“细长不能直立的茎”。在“蔓延”“滋蔓”中也读四声 màn,但这时是动词性成分,表“滋生;扩展”的意思。

在名词“枝蔓”中,“蔓”也读四声 màn。“枝蔓”在《现代汉语词典》中即注音为 zhīmàn。“枝蔓”指“枝条和藤蔓”,也用来比喻文章中跟主题无关的词语。“枝蔓”也可以作形容词,用来形容叙述繁琐纷乱、不得要领。例如“行文枝蔓”。

《丑石》中说“荒草便繁衍出来,枝蔓上下”。这里的“枝蔓”是名词临时活用为动词,其中的“蔓”仍应读四声 màn。

口语中单说“蔓”时，读四声 wàn，且在口语中常儿化。例如在以下例子中读 wàn：

西红柿爬蔓（儿）了　该压蔓（儿）了　顺着蔓（儿）摸瓜

“瓜蔓（儿）”虽然是合成词，但口语色彩浓厚，所以其中的“蔓”习惯上白读，读作 wàn。

另外，“蔓延”跟“曼延”不同。“蔓延”是说像蔓草一样向周围延伸、扩展。例如“不能让这种传染病继续蔓延”“要采取得力措施杜绝不正之风的蔓延”“火势还在蔓延”。

“曼延”则是指“连绵不断”，多用于山脉、河流、道路、海岸等。例如“太行山脉曼延千余里”“曲折曼延的小路”“山下是曼延的海岸”。

一一六　“毛茸茸”怎样读

ABB 式形容词在口语中有的 BB 要变读为一声。“毛茸茸”在北京话中有的人变读一声，有的人不变读。

《现代汉语词典》（2002 年版）中的“毛茸茸”注为 máorōngrōng，是变调的，而该词典 2012 年第 6 版中，“毛茸茸”注为 máoróngróng，是不变调的。

因此，读“毛茸茸”时，以不变调（读 máoróngróng）为宜。

一一七　“闷”在“闷罐车”中的读音

“闷”有两种读音：一个是一声 mēn，另一个是四声 mèn。

（一）“闷”读一声 mēn 的时候，有下面几个意思：

1. 因空气不流通或气压低，使得人不舒服。例如：

(1)屋里人多,打开窗户吧,感觉有点儿闷。

(2)这天气,真闷,下场雨就好了。

(3)这两天真闷热,只有待在有空调的地方才舒服。

2. 使不透气。例如:

(4)倒上开水后,盖上盖儿,闷一会儿,茶就能喝了。

(5)打开小门儿吧,别把小鸟儿闷死在里头。

(6)关火后,别开盖儿,多闷会儿,肉就更烂了。

3. 不吭声。例如:

(7)他一天到晚闷声不响,有时抽几口旱烟。

(8)不能整天就是闷头儿干活儿,还要多学点儿新东西。

4. 声音低沉,不响亮。例如:

(9)我这把二胡太旧了,声音发闷,你拿去修修还能用。

(10)这小伙子长得人高马大,说起话来却闷声闷气的。

5. 在屋里待着,不到外面去。例如:

(11)他整天闷在家里看书、写东西。

(12)别一个人老闷在家里,出去走走,透透气儿。

(二)“闷”读四声 mèn 的时候,有两个意思:

1. 心情不舒畅,烦躁。例如:

(13)这几天心里闷得慌,老想找人聊聊,你来得正好。

(14)你怎么总闷闷不乐啊?我给你说个笑话解解闷儿吧。

2. 封闭,不透气。例如:

(15)那时候，我坐过闷罐车，里头黑洞洞的。

(16)这是个闷葫芦罐儿，是当时用来存钱的。

从上面的例子可以看出。“闷”表示因空气不流通等使人不舒服或盖上盖子使不透气时（这两个义项都有“使得”的含义），读一声 mēn。说跟声音有关的意思时，也读一声 mēn，指“老待在家里”，仍要读一声 mēn。表心烦或不透气时，读四声 mèn。

一一八 “焖面”“焖羊肉”的“焖”怎么读

“焖”是一种烹饪方法，指盖紧锅盖，用文火煮熟或炖熟。读四声 mèn。例如：

(1)林大娘在家常的一荤二素以外，特又添了一个碟子，是到八仙楼买来的红焖(mèn)肉。(茅盾《林家铺子》)

(2)锅里的饭已经焖(mèn)熟了。(周而复《上海的早晨》)

(3)我喜欢吃扁豆焖(mèn)面，很有味道。

(4)今天请你吃油焖(mèn)大虾，怎么样？

(5)妈，锅里的黄焖(mèn)鸡好了没有啊？

有人把“焖”读一声 mēn，是一种误读。

一一九 “靡”在“风靡一时”中的读音

“靡”有两个读音：一个是二声 mí，另一个是三声 mǐ。

(一)“靡”读二声 mí 的时候表示“浪费”的意思。“靡费”指浪费，如“靡费钱财”。“奢靡”指奢侈浪费，如“生活奢靡”。

(二)“靡”读三声 mǐ 的时候，有三个意思：

1. 表示“倒下”。例如“望其旗靡(mǐ)”是说望见旗子倒下。“风靡一时”是形容事物在一个时期很流行,像风吹草伏一样。“披靡”是说草木随风散乱倒下,或者指军队溃散。“所向披靡”是说风吹到的地方,草木都随风倒下,比喻某种力量达到的地方,一切障碍都被消除。“靡靡”指草随风倒伏的样子,如“茅草靡靡”,也用来指低级趣味的乐曲,如“靡靡之音”。

2. 表示“美好或华丽”。表示这个意思较常见的词语是“靡(mǐ)丽”。“靡丽”有时表示“奢侈华丽”,如“骄奢靡丽的装饰”;有时表示“精美华丽”,如“靡丽的服饰”“雕饰靡丽”“章句靡丽”。“靡衣玉食”是指穿华丽的衣服,吃精美的食物。例如:“他出生于一个靡衣玉食的富商家庭。”

3. 表示“没有”。例如,“靡(mǐ)坚不摧”是说无坚不摧,“靡日不思”是说没有一天不想。成语“靡(mǐ)有孑(jié)遗”是说没有遗留下来的。“孑遗”是指遭受兵灾等大变故后遗留下来的少数人。例如,“心狠手辣的侵略者把村里人都杀了,靡有孑遗。”

一二〇 “酩酊”的“酊”读三声 dǐng,不读一声 dīng

“酩酊”的“酊”有两个读音:一个是一声 dīng,另一个是三声 dǐng。

“酊”读一声 dīng 时,是“酊剂”的简称。“酊剂”指含有酒精的一类液体药剂,有颠茄酊、碘酊、橙皮酊等。

“酊”在“酩酊”中读三声 dǐng,“酩酊”是形容词,用来形容大醉的样子。例如:

(1)醉客酩酊,披发夜行。(汉·焦赣《易林·井之师》)

(2)到秋天,分了那么一点点,他还要卖这么一升两升,打一斤酒,分一半猪杂碎,大醉酩酊地喝一回。(何士光《乡场上》)

(3)老王在庆功会上被别人敬酒多次,最后喝得酩酊大醉。

“酩酊”的“酩”读 mǐng,由于跟读三声的“酊”(dǐng)连在一起,读的时候,“酩”在口语中往往发生变调,听起来像二声,这是一种口语中自然的音变现象。

一二一 “蓦然”的“蓦”读 mò,不读 mù

“蓦然”是“突然;猛然”的意思。例如:

(1)除夕看“春晚”的时候,他蓦然想起当年插队的村子里的乡亲。

(2)正说着,他蓦然站起来,向外屋走去。

(3)跟同学一起吃饭时,他蓦然回首,发现附近坐着的一位先生,很像当年一位老友。

“蓦然”有时也表示“不经意间”的意思。例如:

(4)蓦然看去,那几座连在一起的山巅,像一个躺着的人。

“蓦然”的“蓦”读 mò,有人读 mù 是一种误读。

一二二 “模样”的“模”怎么读

“模”有两个读音,一个是 mó,一个是 mú。

“模”在大多数词语中读 mó。例如,在“模范”“模仿”“模糊”“模拟”“模式”“模特儿”“模型”中都读 mó。

在常用词语中，只是在“模子”“模具”及“模样”中读 mú。由“模样”组成的四字格词语中，“模”也读 mú。例如“大模大样、像模像样、一模一样、装模作样”中，“模”也读 mú。

古代木制的模型叫“模”，竹制的模型叫“范”。两字连用，成为“模范”，指榜样。“模仿”“模拟”中要写“模”，不宜写成“摹”。

一二三 “捺”在“按捺”中读 nà，不读 nài

“按捺”是“抑制；压住”的意思。多用来指控制情绪。例如：

(1) 听到自己得了第一名的消息，小孙按捺不住喜悦的心情，跳了起来。

(2) 老王按捺住激动的心情，走上了领奖台。

“按捺”的“捺”读 nà，有人读 nài，是一种误读。

“捺”也用来指汉字的笔画“㇏”。

另外，“按耐”一词，读 ànnài，意思跟“按捺”相同。例如：

(3) 你要好好按耐本性，休得鲁莽从事。(湘剧《醉打山门》)

不过，现在使用“按捺”比较多，使用“按耐”比较少。

一二四 “难”在“排忧解难”中的读音

“难”字有两个读音：一个是二声 nán，另一个是四声 nàn。

1. “难”读二声 nán 的时候，是形容词或动词。做形容词的时候，表示“困难的；不容易做的”意思。例如：

(1) 这件事很难办，我实在想不出好办法。(不容易，很费事)

(2) 如果采取老技术，很难保证质量。(难以做到)

(3)一下雨,这条路很难走。(不容易做)

也表示"使人感到不好"或"效果不好"。例如:

(4)我不穿这件衣服,挺难看的。

(5)他做的这条鱼很难吃。

(6)这个孩子刚学小提琴,拉得很难听。

做动词的时候,表"使人感到困难"的意思。例如:

(7)他被这道题目难住了。

(8)再大的阻碍也难不住我们。

2."难"读四声 nàn 的时候,是动词或名词。

做动词的时候,表"质疑;责问"的意思,例如"非难""责难""问难""论难析疑"中的"难"都是这个意思。这时,"难"在词语中充当语素,这些词语具有书面语色彩。

做名词的时候,表示"祸患;灾难"的意思。例如:

(9)这时,很多人跑到乡下避难。

(10)真正的朋友应该有福同享,有难同当。

"排忧解难"是"为他人排除忧虑、解除危难"的意思,其中的"难"是名词性的,表示"危难"的意思,符合"难"充当名词时的意思,故而应该读四声 nàn,不宜读二声 nán。

一二五 "讷"字在人名中能读 nà 吗

有人把人名中的"讷"字读为 nà,这种读法不对。

"讷"字在《现代汉语词典》等工具书中,只有一个读音,就是 nè。而且,有的工具书还特别注明"不读 nà"。因此,在普通话中，“讷”字在任何情况下（包括在人名中）都读 nè，不读 nà，有人读 nà 是一种误读。

一二六 “拈花惹草”中的“拈”读 niān，不读 zhān

“拈”是“用手指头夹取”的意思。例如：

（1）（花荣）便拈弓搭箭，纵马向前，望着影中只一射……（《水浒全传》第四十八回）

（2）他伸手从罐子里拈出一块冰糖。

（3）小郑从果盘里拈起两颗话梅糖，递给老吴。

“拈花惹草”是指“男子乱搞男女关系或狎妓”。例如：

（4）你一个人在外面做事，行为要检点，别拈花惹草的。

“拈轻怕重”则是指接受任务时，挑选轻的做，怕挑重担。例如：

（5）有的人对工作拈轻怕重，把重担子推给别人。

“拈”读 niān，有人读 zhān，是一种误读。

“拈”在旧时代，还有“揉搓”的意思，现在表示“揉搓”时，用“捻”（niǎn）。例如：

（6）老和尚手捻佛珠走了过来。

另外，“拈花惹草”也说成“沾花惹草”。

一二七 “拧下来”的“拧”怎么读

“拧”字因声调不同有三个读音：二声 níng、三声 nǐng、四声

nìng。

1. 读二声 níng 的时候有两个意思，一个意思是“反向旋转”。例如以下句子中的“拧”都读二声：

(1)他洗了手，把毛巾拧干了。

(2)妈妈洗干净衣服后，拧了拧，晾在绳子上。

(3)买回小萝卜，先拧掉萝卜缨子，再去洗。

(4)他用一种手摇的机械把麻拧成绳子。

读二声时，还表示“拧皮肉”，例如：“拧了他一下。”“你拧我干吗？”

2. 读三声 nǐng 的时候有三个意思。第一个意思是“向一个方向旋转”，例如：

(5)把水龙头拧紧。

(6)这几个螺丝松了，赶快拧好。

(7)把盖儿拧好，别让水洒出来。

第二个意思是“把事情弄颠倒、错位了”。例如：“他把事儿说拧了。”“两个人说的情况满拧！”

第三个意思是“相互抵触；闹别扭”。例如：“这两个人现在拧着劲儿，老闹矛盾。”“你别老跟他拧着啦，多商量商量。”

3. 读四声 nìng 的时候指性格上倔强、固执。例如：“这孩子，脾气真拧！”

有人问，“把你的脑袋拧下来”中的“拧”怎么读。“拧”读二声 níng 的时候，有“扭”的意思。例如《汉语大字典》在给“拧”(níng)释义时举了这样一个例子：

(8)他便赶紧拔起四个萝卜,拧下青叶,兜在大襟里。(鲁迅《阿Q正传》)

有的工具书在解释“拧”(níng)时,或许参照了《汉语大字典》中鲁迅文章的例子,举了“把萝卜缨儿拧下来”“拧掉萝卜缨子”等例句。据此,“把你的脑袋拧下来”中的“拧”读二声 níng 是正确的。

但是,据了解,在社会生活中,人们说到“把××拧下来”时,多把“拧”读三声 nǐng。也就是说,实际读音多为三声 nǐng。

因此,宜选择把这种用法的“拧”注音为二声 níng。同时,看到注为三声 nǐng 时,也予以理解,不视为错误读音。

一二八 “宁缺勿滥”“宁死不屈”中的“宁”读四声 nìng,不读二声 níng

“宁”有两个读音:一个是二声 níng,另一个是四声 nìng。

1.“宁”读二声 níng 时,表“平安;安定;安宁”一类意思。例如:

(1)她来吵架,搞得鸡犬不宁,周围邻居都很反感。

(2)这位将军十分好战,不断出征,引得邻国反弹,弄得国无宁日。

(3)打开窗户,老郭看见四外无人,一片宁静。

(4)我看这事儿还是不计较得了,咱们息事宁人吧。

(1)至(3)中的“宁”是形容词,(4)中的“宁”则是动词,表示“使安定”。

“宁”(níng)还是南京的别称。这是因为隋代以后,这儿曾经作为江宁县、江宁郡、江宁府的政府所在地。

2.“宁”读四声 nìng 时,表示一种已经确定的选择关系。例如“宁死不屈”“宁为玉碎,不为瓦全”。“宁”的这种意思在生活中比较多地出现在“宁可”“宁肯”中。例如:

(5)我宁可多做些,也不愿意把这些工作推给一个不负责任的人去做。

(6)我宁可自己吃点亏,也不愿意让孩子们少学知识。

(7)为了安全,宁肯绕远点儿走大路。

(8)宁肯少写些,也要写出质量高的文章。

(5)至(8)中的“宁”都要读四声 nìng,常有人误读为二声 níng。

“宁”读四声 nìng 时,还表“难道”。例如:

(9)人心之向背,宁能视而不见?

(10)帝王将相,宁有种乎?

不过这种用法具有文言色彩,现在较少使用。

一二九 “泞”在“泥泞”中读四声 nìng,不读二声 níng

“泞”是“烂泥”的意思,表示这个意思时,常出现在“泞泥”一词中。例如:

(1)(柳湘莲)一面说,一面又把薛蟠的左腿拉起来,向苇中泞泥处拉了几步,滚的满身泥水,又问道:“你可认得我了?”(《红楼梦》第四七回)

(2)轱辘陷在泞泥里,连车轴也陷了进去。(周立波《暴风

骤雨》第一部一)

“泥泞”形容有烂泥而难走。例如:

(3)雨后道路泥泞,我们只好再等了一天。

(4)这天,放学后学生们要在泥泞的小路上走两个小时才能到家。

“泥泞”有时候也指烂泥本身。例如:

(5)李老师踏着泥泞,艰难地在山路上行走。

(6)一辆小轿车陷入泥泞动弹不得,过往汽车的司机纷纷过来帮忙。

“泥泞”中的“泞”读四声 nìng,有人读二声 níng,是一种误读。

顺便指出,“泥淖”是“烂泥或泥坑”的意思,其中的“淖”读四声 nào。

一三〇 “牛腩”的“腩”怎么读

“牛腩”指牛肚子上或接近肋骨处的松软肌肉,也指用这种肉做成的菜肴。在《现代汉语词典》上,“牛腩”的“腩”读三声 nǎn。

《汉语大字典》中说,“腩”在《广韵》中注音为“奴感切”。因此《现代汉语词典》等工具书注三声是正确的,是以传统音为依据的。20 世纪 30 年代出版的《国语辞典》中,“腩”字的注音也是三声。

但是,在生活中,人们说普通话的时候,多把“牛腩”读成

niúnán。例如在买牛肉的时候，在餐厅里点菜的时候，人们多把“牛腩”说成 niúnán。

其实，类似的读音现象不少。例如，“一会儿”中的“会”，词典上注四声，生活中人们多读三声；“主意”的“主”，词典上注三声，生活中人们多读二声。

在《现代汉语词典》第 5 版中，“绿油油”一词的注音为 lǜyóuyóu。但是，在生活中人们常把其中的“油油”读成一声。为了反映这种口语中普遍存在的实际读音，该词典在 lǜyóuyóu 后括注“口语中也读 lǜyōuyōu”。

《现代汉语词典》第 6 版中，在“一会儿”后面增加括注，说明其中的“会”口语中也读三声，在“主意”后面增加括注，说明其中的“主”口语中也读二声。

这种灵活的“从俗”做法，反映了广大群众的读音习惯，特别是北京话里的读音习惯。此类情况不少。不过，采用灵活做法，也有个过程。目前，“牛腩”在《现代汉语词典》第 6 版中，尚未括注“口语中也读 niúnán”。

笔者建议，我们在生活中说普通话的时候，说成 niúnán，也不算错。不过，电台、电视台播音员目前最好还是读成三声比较妥当。

一三一　“呕心沥血”的“呕”读三声 ǒu，不读一声 ōu

“呕”是“吐”（tù）的意思，也就是指“不由自主地吐出”。例如：

（1）这种做法，令人作呕。

（2）几个学生吃了午饭后，忽然呕吐起来，老师赶紧把他们送到医院。

(3)病人今天早上起来后，有几次呕血，医生立即开始对病人进行检查。

“呕心沥血”是“费尽心血”的意思。例如：

(4)这位作家呕心沥血，写成了这部名作。

“呕”现在只读三声 ǒu，因此“呕心沥血”中的“呕”读 ǒu，有人读一声 ōu，是一种误读。另外，“呕心沥血”的“血”读 xuè，不读 xiě。

一三二　“胖”在“心广体胖”中的读音

“胖”一般读 pàng，但是在“心广体胖”中读 pán。“心广体胖”是说人心胸开阔坦荡，身体安泰舒适。其中的“胖”(pán)是“安逸；舒适”的意思。

不过，在使用中，人们也渐渐用“心广体胖”来指心情开朗、无所牵挂而身体发胖。这时，人们把“心广体胖”中的“胖”读 pàng。例如：

(1)您这几年什么都不缺，自然心广体胖了。

(2)李奶奶家境越来越好，这两年心广体胖，只是记忆力有些差。

在实际生活中，人们使用“心广体胖”时，用来表示“身体安泰舒适”的似乎不多，而用来表示心胸开阔，心情开朗因而有些发福的，要多些。这是这个成语在实际使用中的一种变化。

如果表示这个成语原来的意思时，“心广体胖”中的“胖”宜读 pán；如果表示这个成语在口语中常表达的“发福”的意思，

"胖"宜读 pàng。这样,读音跟字义就一致了。

另外,在普通话里,"胖"一般用来形容人,不用来指动物。"肥"则用来指动物。如果"肥"用来形容人,常带贬义。例如"肥头大耳""肥头肥脑""脑满肠肥"等。

一三三 "庖厨""越俎代庖"的"庖"读 páo,不读 bāo

"庖"读 páo,常见的意思有:

1. 厨房。例如:

(1)庖有肥肉。(《孟子·梁惠王上》)

(2)凡六院共一庖。(《新唐书·孝友传·刘君良》)

2. 厨师。例如:

(3)良庖岁更刀,割也。(《庄子·养生主》)

(4)伊尹为庖。(《史记·老子韩非列传》)

"庖厨"有时是"厨房"的意思。例如:

(5)是以君子远庖厨也。(《孟子·梁惠王上》)

有时是"厨师"的意思。例如:

(6)臣闻鹿走山林而命系庖厨者,势固自然。(《新唐书·徐有功传》)

"越俎代庖"本来指管祭祀的人放下祭器去代替厨师做饭,现在多用来指超出自己的职责去包办别人的事情。其中的"庖"读 páo。把"庖"读 bāo,是一种误读。

一三四　“炮制”的“炮”读二声 páo，不读四声 pào

“炮”有四声 pào、二声 páo、一声 bāo 三个读音。

1.“炮”读四声 pào 时，指口径在 2 厘米以上的射击武器。例如：“高射炮”“榴弹炮”“迫击炮”等。古代的“炮”是抛石机，所以原来写成“砲”或“礮”。后来“炮”用火药，才慢慢改成“炮”。

2.“炮”读二声 páo 时，是“烧；烤”的意思，现在一般见于“炮制”一词。“炮制”指制作中药的一系列方法。例如：

(1) 老药工炮(páo)制丸散膏丹的经验非常丰富。

“炮(páo)制”跟“泡制”不同。“泡制”指用水或其他液体浸泡制作。

“炮制”也用来指“编造”，含贬义。例如：

(2) 他们精心炮(páo)制了一篇《事件真相》，但最终被事实所揭穿。

把“炮(páo)制”的“炮(páo)”读成 pào，是一种误读。

3.“炮”读一声 bāo 的时候，指一种烹饪方法，指把肉片跟调料放在锅或铛中，用旺火急炒。例如：

(3) 今天我给你们露一手，做个炮(bāo)羊肉。

(4) 这家餐厅的炮(bāo)肚(dǔ)丝很不错，咱们去尝尝。

另外，“炮”(bāo)也用来指把物品放在器物上烘烤。例如：

(5) 你这件湿衣服放到暖气上，明天早上准炮(bāo)干了。

(6) 把花生放到锅里炮(bāo)一炮(bāo)，就脆了。

不过，这种说法现在似乎不多见了。

一三五 “朋友”怎么读

“朋友”在普通话口语中是轻声词，因此，《现代汉语词典》中将“朋友”注为 péngyou。

值得注意的是，“小朋友”却不轻读，读为 xiǎopéngyǒu。这是因为“小朋友”不是词组，不指“小的朋友”，而是指“儿童”，是一个固定的词，因此按照普通话里三字词“中轻重”的语音格式，第三个字“重读”为 yǒu。

如果第三字轻读，读成 xiǎopéngyou，则是个词组，表示“小的朋友”。“小”有表示“个头小”或“年龄小”的意思。因此 xiǎopéngyou 可以用来指个头小或年龄小的朋友。例如：

（1）这只羚羊常找小象来玩儿，他是这头小象的一个小朋友（xiǎopéngyou）。（指个头小）

（2）年迈的学者有个得力的助手，是位刚毕业的大学生，年轻人也是老人的一个小朋友（xiǎopéngyou）。（指年龄小）

“老朋友”中的“老”是“时间久的”的意思，跟表时间短的“新”相对。例如：

（3）这是一家老厂，产品已经不适应市场需要了，该厂正在通过自主创新来实现产品的更新换代。

（4）北冰洋汽水是个老牌子，有些年轻人爱喝这种汽水。

（5）这次来开会，不仅能见到不少老朋友，还打算结交一些新朋友。

“老朋友”可以理解成“老的朋友”，这个词组在结构上跟表“小的朋友”的词组“小朋友（xiǎopéngyou）”相同，是“老/小 + 朋友”。两者跟“小朋友（xiǎopéngyǒu）”不同，不是一个固定的词，都是由两个词搭配在一起构成的词组。在《现代汉语词典》《现代汉语常用词表》中都有“小朋友”而无“老朋友”。因此“老朋友”宜读成 lǎopéngyou。

一三六　“否极泰来”“臧否”中的“否”读 pǐ

“否”在表示否定或疑问时读 fǒu。例如：

(1)这个想法最后被大家否定了。

(2)他否认自己做了这件事。

(3)可否将你的笔记让我看看?

(4)这样做不知当否？请您酌定。

“否极泰来”中的“否”是六十四卦中的一个卦名，读 pǐ。“否”是坏卦，“泰”是好卦。“否极泰来”的意思是事情坏到了尽头，好运就来了。

“臧(zāng)否”的“否”也读 pǐ。这里的“臧”是“好”的意思，“否”是“坏”的意思，“臧否”多用来表“褒贬”或“评论”。例如：

(5)这篇文章臧否当时人物都比较得当。

(6)发言时不宜随意臧否，以免失之偏颇。

“否极泰来”中的“否”不宜读 fǒu。

一三七　“癖好”的“癖”读三声 pǐ，不读四声 pì

“癖”是“嗜好”的意思。例如：

(1)这个人有洁癖，特别爱干净。

(2)嗜酒成癖的人，不容易把酒戒掉。

“癖好”指长期形成的对某种事物特殊而强烈的爱好。例如：

(3)我除了写文章外，也没有别的癖好。

(4)玩石头是他最大的癖好，家里有几百块奇石。

“癖”读三声 pǐ，有人读四声 pì，是一种误读。

一三八 “片”在“影片”“片子”中读音不同

“片”有两个读音：一个是四声 piàn，另一个是一声 piān。

(一)“片”读四声 piàn 时，有下列意思：

1. 指扁平而薄的东西。例如：

(1)一位学生把地上的纸片捡起来，扔到垃圾桶里。

(2)给您，这是我的名片，各种联系方式上面都有。

(3)这些玻璃片儿别用手捡，用簸箕撮，省得拉(lá)手。

2. 指影视片。例如：

(4)影片反映了建国初期农村的生活。

(5)群众最爱看的，还是故事片。

(6)过去我爱看科教片，现在电视里这类内容就不少。

3. 指较小地区。例如：

(7)县里的干部决定分片帮助贫困地区脱困。

(8)他是我们这儿的片儿警。

(9)这一片儿属于繁华闹市区。

4. 指用刀切成薄片。例如：

(10) 这位师傅是片烤鸭的高手。

(11) 片肉的活儿还是让李师傅来做吧。

5. 做量词。例如：

(12) 一阵风过后，梧桐树上落下几片树叶。

(13) 树林间有一片绿油油的草地。

(14) 新一轮改革开放给这里带来一片新气象。

(15) 你要努力学习，别辜负了人家一片好心。

(二)“片”读一声 piān 时，意思跟读四声 piàn 是相同的，只是用于口语色彩明显的常用词和一些儿化词。例如：

(16) 这部片(piān)子听说获奖了，咱们去看看吧。

(17) 医生让我去拍片(piān)儿。

(18) 镜框里的相片儿(xiàngpiānr)是几十年前照的。

(19) 摄制组决定去西双版纳拍电视片儿(diànshìpiānr)。

(18)跟(19)中的“相片儿”“电视片”如果说成“相片”“电视片”，其中的“片”读四声 piàn。说成儿化词后，口语色彩明显，因此其中的“片”读成一声。“片子”指电影时，口语色彩明显，所以其中的“片”读一声 piān。

另外，“片段”跟“片断”虽然其中的“片”都读四声 piàn，但两个词的意思有所不同。“片段”指“整体中的一个部分”，“片断”则多用来指“零碎的；不完整的”。例如：

(20) 他俩表演了话剧中的一个小片段。

(21) 对那段生活，我现在只留下一些片断的回忆。

一三九　“剽悍”“剽窃”中的“剽”怎么读

“剽”(piāo)有两个意思:一个是“抢掠;窃取”,另一个是“敏捷;轻快”。例如:

(1)几个土匪在山间小路上剽掠客商财务。

(2)他这篇论文是剽窃他人的,不是他自己写的。

(3)八路军剽悍的骑兵及时赶到,凶狂的敌人立即崩溃,开始逃跑。

(1)(2)中的“剽”表“掠取”,(3)中的“剽”表“敏捷”。“剽悍”是“敏捷而勇猛”的意思。

“剽”读一声 piāo,有人读四声 piào 或 biāo,都是误读。

一四〇　“骠骑将军”跟“黄骠马”中的“骠”怎么读

“骠”有两个读音:一个是 piào,另一个是 biāo。

“骠”(piào)用来形容“马快跑的样子”或“勇猛”。“骠骑”是古代将军名号。例如:

以冠军侯去病为骠骑将军。(《史记·卫将军骠骑列传》)

除汉代外,魏晋至明,也设有“骠骑将军”。

“骠骑”读 piàoqí。有人把“骠骑”的“骠”读 biāo,是一种误读。“骠骑”的“骑”,过去曾读 jì,现在的规范读音是 qí。

“骠”(biāo)指黄色有白斑的马,是一种有名的好马,也叫“银河马”。其中全身黄栗色的,是“黄骠(biāo)马”,“黄骠马”的“骠”读 biāo,不读 piào。

一四一　“嫔妃”的“嫔”读 pín，不读 bīn

“嫔”指皇帝的妾，也指宫中女官。“嫔妃”指皇帝的姬妾。例如：“近宫中欲选嫔妃。”（清·蒲松龄《聊斋志异·白秋练》）

“嫔妃”的“嫔”读 pín，有人读 bīn，是一种误读。

一四二　“仆仆”读 púpú，不读 pǔpǔ

“仆”有两个读音：一个是一声 pū，另一个是二声 pú。

（一）“仆”读一声 pū 的时候表示“向前倒”，也泛指“倒下”。例如：

（1）五鬼相与张眼吐舌，跳踉偃仆。（唐·韩愈《送穷文》）

（2）革命先辈前仆后继，英勇奋斗，才打下了江山。

（二）“仆”读二声 pú 时有这么几个意思：

1. 表“仆人”。例如：

（3）次日，两个入城来，戴宗扮做主人，李逵扮做仆者，绕城中寻了一日。（《水浒传》第五三回）

（4）这么妈是曾在她家做过三四十年的老仆，照例是坐在朝门外石磴上等着她。（丁玲《梦珂》）

2. 古时男子谦称自己。例如：

（5）使张仪、苏秦与仆并生于今之世，曾不能得掌故，安敢望常侍侍郎乎？（《史记·滑稽列传》）

（6）仆始闻而骇，中而疑，终乃大喜。（唐·柳宗元《贺进士王参元失火书》）

3. 用于“仆仆”，表旅途劳顿。例如：

(7)仆仆然忘其身之劳也。(宋·王安石《书李文公集后》)

(8)他们很辛勤地仆仆于前后方途中救护运输伤兵。(邹韬奋《抗战以来·自动奋发的千万青年》)

“风尘仆仆”中的“风尘”指旅途上风吹尘土飞扬,“仆仆”形容行路劳累的样子。“风尘仆仆”是说在旅途中劳累辛苦。例如:

(9)三人拣了一家客店住下,一路上风尘仆仆,到了此时,不免早些歇息。(清·吴趼人《痛史》第八回)

(10)他眉目虽然清秀,可是风尘仆仆,憔悴不堪,也没有刮脸,看上去已经苍老了。(周而复《上海的早晨》)

“风尘仆仆”的“仆仆”读 púpú,有人读三声 pǔpǔ,是一种误读。

一四三　“祈福”的“祈”读二声 qí,不读三声 qǐ

“祈”主要有两个意思。一个是“向神请求”,也就是祈祷。例如:

(1)琴瑟击鼓,以御田祖,以祈甘雨,以介我稷黍。(《诗经·小雅·甫田》)

另一个意思是“请求;希望”。例如:

(2)以上是我的问题,敬祈赐教。

跟“请”比较起来,“祈”有书面语色彩。

“祈”读二声 qí,有人读三声 qǐ,是一种误读。因此,“祈(qí)福”不宜读成“祈(qǐ)福”,北京天坛的“祈(qí)年殿”不宜读成“祈(qǐ)年殿”。

一四四 “稽首”中的“稽”读 qǐ

“稽”有 jī 跟 qǐ 两个读音。

(一)“稽”读 jī 时常见的意思有两个:

1. 表“查考”。例如:

(1)这件事是有案可稽的,不承认也没用。

(2)这不过是造谣生事,纯属无稽之谈。

(3)他们携带的走私品最终被海关稽查人员发现了。

(4)几个会计在一起稽核上个月的账目。

2. 表“停留;拖延”。例如:

(5)他这次出差打算在杭州稽留数日。

(6)要赶快抓紧时间办理这个案子,不要稽延时日。

(7)近来事繁,来函稽复,尚希见谅。

(二)“稽”读 qǐ 时,用于“稽(qǐ)首”一词。“稽首”是古代的一种跪拜礼,行这种礼时,要叩头到地。“稽首”在古代是最重的跪拜礼,不仅要叩头至地,而且要停留一会儿才抬头。例如:

(8)使者见到皇帝,上前稽首礼拜。

“稽首”跟“顿首”不同。“顿首”时叩头至地即抬头,不停留。

“稽(qǐ)首”的“稽”容易误读为 jī。

一四五 “气氛”“氛围”怎么读

在 2005 年第 5 版的《现代汉语词典》中,“气氛”的注音是 qìfēn。不过,在日常生活中,我们经常听到群众把这个词读成轻声词 qìfen。笔者曾就此建议词典编纂者增加轻声读音。在

2012 年出版的第 6 版《现代汉语词典》中，“气氛”被注音为 qì·fēn。也就是说，根据这个注音，“气氛”的“氛”可以读一声，也可以读轻声。该词典的这一改动是很正确的，这一改动既跟过去的注音有连续性，又反映了实际语音。虽然两种读音都可采用，但笔者建议采用轻声读法读成 qìfen。因为这种读法反映了社会生活中的口语读音，更有生命力。

“氛围”读 fēnwéi，其中的“氛”容易误读为四声 fèn，这是值得注意的。其原因或许是“氛”出现在人们常说的“气氛”中，而“气氛”口语中多读轻声，轻声的“氛”跟四声有点像，于是有人就将“氛围”的“氛”误读成四声了。

一四六　“潜”读二声 qián，不读三声 qiǎn

“潜”常表示的意思有：

1. 隐藏在水下。例如：

(1)这艘潜水艇是我国新造的一种新型潜艇。

(2)运动员在泳池中游到头折返的时候，往往有一段要潜泳。

2. 隐藏。例如：

(3)他潜伏在敌人内部很长时间，提供了很多重要情报。

(4)这是经济活动中的一股潜流。

3. 秘密(地)。例如

(5)估计犯罪嫌疑人已经潜逃到本市，有关人员要抓紧追捕。

(6)一支游击队潜入敌后，开展敌后游击战。

在所有包含“潜”的词语中，“潜”都要读二声 qián，例如“潜

(qián)移默化”。在北方方言区，不少人把“潜”读成三声 qiǎn，这是应当纠正的。有些北京人把“潜”读成一声，例如把“潜(qián)逃”读成“潜(qiān)逃”，也是不规范的。

一四七　“强”在“强迫”中的读音

“强”字有三个读音：二声 qiáng 、三声 qiǎng 和 jiàng。虽然用法较多，但我们可以简单扼要来记这三个读音。

如果是表示“刚强有力”，是对“弱”而言的，读二声 qiáng，这个读音的词语比较多，例如“强烈”“强壮”“强硬”“强行”“强制”中的“强”要读 qiáng。

读三声 qiǎng 的时候，包含了“迫不得已去做”的意思。例如“强逼”“强迫”“勉强”“牵强”中的“强”要读 qiǎng。

读 jiàng 的时候是表示“固执”“不顺从”的意思。例如在“脾气强”“倔强”中的“强”读 jiàng。

可以按照上面介绍的方法来读下面的词语：

(1)强占　(2)强求　(3)强使　(4)强嘴　(5)强词夺理　(6)强辩

其中：(1)读 qiáng，(2)(3)(5)(6)读 qiǎng，(4)读 jiàng。

一四八　“悄”在“悄然”中的读音

“悄”有两个读音：一个是一声 qiāo，另一个是三声 qiǎo。

在“悄悄”中，“悄”读一声 qiāo，“悄悄”读成 qiāoqiāo。在口语中，“悄悄”常读成儿化词。例如“他悄悄地走了”，口语中常说成“他悄悄儿(qiāoqiāor)地走了”。“悄悄话”中的“悄悄”

也读 qiāoqiāo，“悄悄话”也常说成“悄悄儿话”。

“悄”在跟其他语素组合的词语中，都读三声 qiǎo。

在“悄然”中，“悄”读三声 qiǎo。“悄然”有两个意思：一个是“寂静无声的样子”。例如：“树林里悄然无声。”“他收拾好自己的东西，悄然离去。”另外一个意思是“忧愁的样子”。例如：“听到这个消息，她悄然泪下。”

“悄”在“悄寂”“悄声”“悄无声息”等词语中也读三声，这几个词语也都是没有声音或声音很小的意思。

在文言诗文中，有单说的“悄”。例如宋代苏轼《蝶恋花》中说“笑渐不闻声渐悄（是声音小的意思）”，唐代白居易《雨夜有念》中说“胡为悄（指忧愁的样子）不乐”，这两处的“悄”都读三声 qiǎo。

“悄婚族”是近年出现的新词语，指崇尚简约、低调，只登记而不举办婚宴的人。其中的“悄”读三声 qiǎo。

只要记住，“悄”除了在“悄悄”这一叠音形式中读一声 qiāo 外，在词语中充当语素时都要读三声 qiǎo，就能读正确了。

一四九　“锲而不舍”的“锲”读 qiè，不读 qì

“锲”是“用刀刻”或“雕刻”的意思。例如：

（1）锲船求剑，未见其可。（《旧唐书·李百药传》）

（2）锲而不舍，才能做成一件事情。

“锲”读 qiè，有人读 qì，是一种误读。这或许是受了“契”的影响。在“雕刻”这一意义上，“锲”与“契”同义，但是“锲”不读 qì。

一五〇　“顷”读三声 qǐng，不读一声 qīng

“顷”常用来表示土地面积的单位(如“市顷、公顷”)，也用来表示极短的时间。例如：

(1)这几十顷地都由他承包，全种小麦，完全是机械化作业。

(2)在碧波万顷的海面上，升起了一轮红日。

(3)刚说要防雨，顷刻间便大雨倾盆。

有时也表“不久之前”，这种用法有文言色彩。例如：

(4)顷接内线情报，得知有一股敌人明日将窜犯根据地。

虽然过去“顷”有同“倾”并读 qīng 的用法，但是现在只读 qǐng，不读一声 qīng。而“倾”表“倾斜”或“用尽力气”等义，只读 qīng，不读 qǐng。

一五一　“曲阜”应该怎样读

有人问，电视播音员在播报有关“曲阜”的新闻时，对“曲阜”的读法不一，“曲阜”应该怎样读呢？

曲阜位于山东省西南部，是孔子出生、讲学和埋葬的地方，也是孟子的出生地，是我国历史文化名城之一。

“曲阜”二字，始见于《礼记·明堂位》中：“成王以周公有勋劳于天下，是以封周公于曲阜。”东汉应劭诠释说：“曲阜在鲁城中，委曲长七、八里。”由此可知，曲阜曾是周公的封地，因城中有土山，弯弯曲曲长七八里，故名“曲阜”。

“曲”有两个读音，一个是 qū，意思是“弯曲”，也表示弯曲的地方，例如“河曲”“山曲”中的“曲”都是弯曲的意思。“曲”的另一个读音是 qǔ，读 qǔ 时指乐曲，也指出现于南宋和金，盛行于元代的一种韵文形式，例如“曲牌”“散曲”“套曲”“元曲”中的“曲”都表示这种韵文形式。

“曲阜”中的“曲”是表示“弯曲的地方”，因此读一声 qū，不读三声 qǔ。

“阜”是“土山”的意思，也泛指山，例如“阜陵”“山阜”中的“阜”都是“山”的意思。“阜”也用来表示“物资多”或“丰厚”，例如“物阜民丰”中的“阜”指物资多，“民殷财阜”中的“阜”指丰厚。

“阜”只有一个读音 fù。因此，“曲阜”宜读 qūfù。

“曲线”中的“曲”有人读三声 qǔ，是一种误读，宜读一声 qū。

一五二　“绕”只读四声 rào，不读三声 rǎo

“绕”的常见用法有：

1. 指“缠绕”。例如：

(1) 脚忽然被水草绕上了，他赶紧设法挣脱。

(2) 给这个器件绕线圈是一项麻烦的工作。

2. 指“围着中心运动”。例如：

(3) 地球绕着太阳转，你绕着谁转？

(4) 运动员们先绕场一周，再按进场顺序排好队。

3. 指“走弯路”。例如：

(5) 这么走可就绕远儿了，还是走原先的路吧。

(6) 前面的路口堵车厉害，咱们绕一段儿，穿小胡同怎么样？

4. 指“事情、问题等纠缠”。例如：

(7)这道题的确有点儿难，把同学们都绕住了。

(8)当年的那场事故，总在我脑子绕。

"绕"只读四声 rào，生活中有人读三声 rǎo，是一种误读。

一五三 "稔熟"的"稔"读 rěn，不读 niǎn

"稔"指"庄稼成熟"。例如：

(1)于是岁大稔，民给(jǐ)家足。(汉·韩婴《韩诗外传》卷一)

"丰稔"指丰收。例如：

(2)在郡数岁，岁常丰稔。(《后汉书·法雄传》)

庄稼一年熟一次，因此"稔"也用来指"年"。例如：

(3)自军兴以来，啸聚为盗，招捕殆将十稔，终未殄灭。(宋·李纲《申督府密院相度措置虔州盗贼状》)

(4)其家业不及三稔而衰。

"稔"还用来指"对人熟悉"。例如：

(5)我素稔其人。(我一直比较了解这个人)

(6)老李稔知他的为人。(老李熟知他的为人)

"稔熟"是"熟悉"的意思。例如：

(7)其声稔熟，而仓卒不能追忆。烛之，则红玉也。(清·蒲松龄《聊斋志异·红玉》)

(8)正在得意寻思，冷不丁人群里闪过一个稔熟的面影。(梁斌《红旗谱》)

“稔”只读 rěn，有人读 niǎn，是一种误读。这种误读或许是受了右偏旁“念”的影响。“稔”中的“念”虽然是声旁，但是已经不能反映现代读音了。

一五四　“塞”在“顿开茅塞”“要塞”中的读音

“塞”是文白异读字。在成语和带有书面色彩的词语中读 sè。例如在下列词语中要读 sè：

闭塞　堵塞　阻塞　不塞不流　顿开茅塞

“塞”在话语中单说时念 sāi。例如：“抽屉里塞（sāi）了好些东西。”

“塞”在某些口语化的词语中，也要念 sāi，例如在下列词语中读 sāi：

塞车　塞牙　塞子　瓶塞　软木塞

“塞”还有一个读音是四声 sài，指可做屏障的险要地方，例如在下列词语中读 sài：

边塞　要塞　塞北　塞外　塞翁失马

一五五　“散”在“广陵散”中的读音

“散”有两个读音：一个是三声 sǎn，另一个是四声 sàn。

（一）“散”读三声 sǎn 的时候，有两种词性：一种是形容词，一种是名词。

做形容词的时候，表示以下意思：

1.“无约束的”。例如“散漫”“散兵游勇”“一盘散沙”。

2. “零星的；不成整体的”。例如“散页”“散装”“散座”。

3. “松开；解体”。例如“柴火捆儿散了”“包袱散了”“球队散了”。

“散”(sǎn)做名词的时候，意思有：

1. 粉末状的中药(取其“松散”义)。如“健胃散”“丸散膏丹”。

2. 用于古代琴曲名，如“广陵散”。

3. 用于地名，如“大散关”。

(二)“散”读四声 sàn 的时候，是动词，有三个意思：

1. “从聚集状态分离”。例如“解散”“披头散发”“烟消云散”“已经散会了”。

2. “散布；四处分发”。例如“散布谣言”“散发传单”“天女散花”。

3. “排遣(心中不好的情绪)”。例如“散心”。

《后汉书·华佗传》中说“乃令先以酒服麻沸散”，其中的“散”指中药，读三声 sǎn。《三国演义》第五回中说的“(曹操)欲散家资，招募义兵”及《红楼梦》第五回中说的“富贵的，金银散尽”中的“散”都是动词，读四声 sàn。

“散户”指零散的个体经营者，“散啤”指散装啤酒，其中的“散”都读三声 sǎn。

港澳地区说的“散水”指坏人作案后分头逃走，如“几个劫匪散水时被警察抓住。”其中的“散”读四声 sàn。

一五六　“丧事”“丧葬”的“丧”读一声 sāng，不读四声 sàng

“丧”有两个读音：一个是一声 sāng，另一个是四声 sàng。

1. “丧”读一声 sāng 时，是名词，指跟人的去世有关的事情。例如：

(1) 丧事还是从简吧，这也是老人家生前遗愿。

(2) 马上派人给老胡送去丧葬费，并且表示慰问。

(3) 亲戚朋友都来吊丧，全家既沉浸在悲痛中，又很忙碌。

2. “丧”读四声 sàng 时，可做动词或形容词。做动词时表示“丢失”“丢失生命”。例如：

(4) 腐朽的清政府做了不少丧权辱国的事情。

(5) 这样做，岂不是丧失人格？绝对不能这样做。

(6) 他竟然加入土匪中的一派，祸害乡里，最后命丧黄泉。

“丧”(sàng) 做形容词时，表示“情绪低落”。例如：

(7) 这件事儿没办好，她觉得很丧气。

(8) 老郭觉得自己做错了事情，很是懊丧。

(9) 刘大哥神情沮丧地走了进来，众人忙问怎么回事。

“丧门星”原本指管丧事的凶神，后来指给人带来灾祸或晦气的人。其中的“丧”读一声 sāng。“丧钟”指丧礼中的钟声，其中的“丧”也读 sāng。“丧命”中的“丧”表“丢失生命”，因此要读四声 sàng。“丧家之犬”常用来比喻“丢失了靠山”，其中的“丧”读四声 sàng。

一五七 “舍利”的“舍”读四声 shè，不读三声 shě

“舍”有三声 shě 跟四声 shè 两个读音。

(一)“舍”读三声 shě 时，是动词。表示两个意思：

1. 表“舍弃”。例如：

(1)你这样做不是舍近求远吗？

(2)俗话说舍不得孩子套不了狼，你再琢磨琢磨。

(3)有人舍命吃河豚，这种行为不可取。

2. 表“施舍”。例如：

(4)清代北京的冬天，有舍粥的地方，即使如此，仍有不少冻馁而死的人。

(5)我们不能等待大自然的施舍，要加强科研，在注重环保的同时向大自然索取。

(二)“舍”读四声 shè 时，是名词。表示下面几个意思：

1. 表“房屋”。例如：

(6)旧时代的科举制，使得有的人“朝为田舍郎，暮登天子堂”。

(7)这个宿舍的“舍长”，是个大二的中文系学生。

(8)纵有千间房舍，也不过睡三尺卧榻。

2. 表谦称，用于自己一方。例如：

(9)这是舍弟，还望先生多多关照。

(10)盼抽暇到寒舍小酌。

(11)舍间并无此等檀香木桌椅。

(9)中的“舍弟”是谦称自己的弟弟。(10)中的“寒舍”是谦称自己家。(11)中的“舍间”也是谦称自己家。

另外，在古代，称三十里为一舍(shè)。例如：

(12)在这个问题上，咱们暂时还是退避三舍吧。

“舍利”是释迦牟尼遗体火化后结成的珠状物，也泛指僧人火化后的剩余物。“舍利”也称“舍利子”(shèlìzǐ)。“舍利”的“舍”读四声 shè，有人读三声 shě，是一种误读。

现代文学家老舍的“舍”一般读三声 shě。

一五八　“拾级而上”的“拾”怎么读

“拾”有 shí 和 shè 两个读音。

(一)“拾”读 shí 时，有两个意思：

1. 表示“捡起”。例如：

(1) 地上有个东西闪了一下光，他拾起来一看，是块手表。

(2) 拾到篮里都是菜，这些材料也及时记录下来吧。

(3) 俗话说得好，众人拾柴火焰高，请大家都发表一下意见吧。

2. 表“整理”。例如：

(4) 我先把屋里收拾一下，太乱了。

(5) 拾掇拾掇东西，就到中午了，时间过得真快。

另外，“拾”是数字“十”(shí)的大写。

(二)“拾”读 shè 时，是“轻步而上”的意思。也就是说，表“慢步从容而上”。“拾级”的含义是“一步一步登上台阶”。“拾级而上”则是说“沿着台阶一级一级地往上走”。例如：

(6) 到了泰山脚下，我们拾级而上，向“南天门”进发。

“拾级而上”的“拾”读 shè，有人读 shí，是一种误读。

一五九 “莘莘学子”中“莘”的读音

“莘”有 shēn、xīn 两个读音。

1.“莘”读 shēn 的时候，表“长貌”，也就是长（cháng）的样子。例如：

（1）鱼在在藻，有莘其尾。（《诗经·小雅·鱼藻》）

“有莘其尾”里的“莘”是形容鱼的尾巴长长的。

“莘”读 shēn 也用于“莘（shēn）县”这一地名。莘县在山东省西部。

“莘”读 shēn 时，还做姓氏。例如：

（2）宋朝的钱塘人莘（shēn）融曾为进士。

（3）这位是新来的莘（shēn）老师，她教语文。

“莘莘”（shēnshēn）是众多的意思。例如：

（4）莘莘征夫，每怀靡及。（《国语·晋语四》）

（5）献酬交错，俎豆莘莘。（汉·班固《东都赋》）

“莘莘（shēnshēn）学子”是指“众多的学生”。例如：

（6）刚毕业的莘莘学子受到许多基层单位的欢迎。

“莘莘学子”已经含有“众多”的意思，因此“莘莘学子”的前面不能再加数词，例如不宜说“三位莘莘学子”。

2.“莘”读 xīn 时，现在仅用于“莘（xīn）庄”这一地名。“莘庄”在上海闵行。

一六〇　“胜”在“高处不胜寒”中怎么读

有一位长者和孩子争论“我欲乘风归去，又恐琼楼玉宇，高处不胜寒”中“胜”的读音。这位长者当年上学时读一声 shēng，可是孩子说应当读四声 shèng。

“高处不胜寒”中的“胜”是“经受得住；能承受”的意思。过去，“胜”表示这个意思的时候，读阴平。这种读法是为了跟“胜利”的意思区分开。1959 年 7 月发表的《普通话异读词审音表初稿续编》中，规定“胜”表示“经受得住；能承受”的意思时不再按照“旧读”读一声，而要读四声 shèng。

因此，在 1959 年 7 月之前，把“高处不胜寒”中的“胜”读一声是对的。但 1959 年 7 月之后，应当读四声。1985 年 12 月公布的《普通话异读词审音表》承袭了这一意见，规定“胜”字“统读”四声。所以，就现在的读音规范而言，孩子的读法是正确的。

有机化合物“肽”（tài）还有个名字叫“胜”。这个“胜”要读一声 shēng。《现代汉语词典》指出了“胜”的这个读音。《普通话异读词审音表》规定“胜”字“统读”四声 shèng 时没有考虑到这一点，是个失误。因之，徐世荣先生在《普通话异读词审音表释例》中批评《普通话异读词审音表》规定“胜”“统读”shèng 属“失考”。

一六一　“折本”中“折”的读音

“折”有三个读音：zhé、shé、zhē。

（一）“折”读 zhé 时意思较多，常见的如：

1. 折断。例如：

（1）乌鸦的翅膀折断了。
（2）下雪后行人摔倒容易发生骨折。
（3）公园的草地上有块牌子，上面写着：“不要攀折花木”。

2. 损失或挫败。例如：

（4）这一仗让鬼子损兵折将，再也不敢轻易出来“扫荡”了。
（5）对待困难要有百折不挠的勇气。

3. 弯曲或改变方向。例如：

（6）虽然前面的道路曲折，但我们决心坚持前进。
（7）他们走了不远，又折了回来。

4. 信服。例如：

（8）他的这个成绩令人折服。

5. 折叠。例如：

（9）他把信折了起来，搁到信封里。

（二）“折”读 shé 时，常表示“折断”或“亏损”。例如：

（10）长长的竹竿忽然折了。
（11）雪太大了，树枝都被压折了。
（12）他不会做生意，这趟买卖折了本儿。

（10）（11）中的“折”表示“折断”，（12）中的“折”表示“亏损”。从（10）和（11）可以看出，“折”读 shé 表示“折断”的意思时，多出现在口语中，而且多是单说。从前面（1）至（3）的例句可以看出，“折”读 zhé 表示“折断”的意思时，多出现在词语中。

（三）"折"读 zhē 时，表"翻转"或"倒过来倒过去"。多用于口语，且单说。例如：

（13）锣鼓敲起来时，出来个武生，他连折了几个跟头。

（14）水太烫了，用两个杯子折一折再喝。

一六二 "什刹海"中的"什""刹"怎么读

什刹海是北京城里北海公园北面鼓楼到德胜门一带的三个相连的湖泊，也叫"后三海"，包括前海、后海、西海（西海也叫"积水潭"），其中后海最大。什刹海是人工引导玉泉山水入城而形成的。恭王府所在的前海西街，位于什刹海的前海的西侧。

什刹海四周原有十座佛寺，故名"什刹海"，又称"十刹海"。"什刹海"中的"什"是"十"的意思，"刹"义为佛寺。因此其中的"什"读 shí，"刹"读 chà。《新华拼写词典》（商务印书馆，2002 年版）中，给"什刹海"注音 Shíchà Hǎi，是正确的。

有的老北京人把"什刹海"中间的"刹"读成 shà，声母成了舌尖后清擦音。这是因为普通话里的三音节词，中间的字要轻读，而北京人读得更轻，于是把塞擦音弱化成了擦音。而且，把第二个音节读成舌尖后清擦音也很容易跟第一个音节的舌尖后清擦音衔接，读起来很省力，所以这种读法便有所流行。但是，我们还是应该按照规范读音读成 Shíchà Hǎi。

一六三 "士大夫"应当怎样读

"士大夫"指古代的官僚阶层，有时也包括未做官但有地位、有名望的读书人，应当读为 shìdàfū。

“大夫”有两个意思：一是指“古代的官职或爵位”，这时读 dàfū；二是指“医生”，这时读 dàifu。

“大”只在少数词语中读 dài，除“大夫”（医生）外，常见的还有：

大城（河北省地名）

大黄（中药名）

大王（戏曲和古典小说中对国王或强盗首领的称呼）。

一六四 “似的”中的“似”读 shì，不读 sì

“似”有 sì、shì 两个读音。

（一）“似”读 sì 时，有三个意思：

1. 表“像”。例如：

（1）北京盛夏骄阳似火，出门得带上折叠伞。

（2）我在外面待了一个月，现在归心似箭。

2. 表示委婉语气，相当于“似乎”。例如：

（3）现在就对他采取这些措施，似无必要。可先观察一段再说。

（4）根据现在掌握的情况看，此事似应重新调查。

（5）昨天下的这几个结论，似有些牵强，建议暂不公布，再深入了解一些有关情况。

3. 用于“胜似”“好似”“强似”等说法中。例如：

（6）虽然不是亲人，却胜似亲人。

（7）现在这个山村的日子真是一天好似一天啊。

(8)你掌握了这种技能,就可以独立进行操作,强似每周求人帮忙。

(二)“似”在“似的”一词中读 shì。常用来表示相似或比喻。例如:

(9)这个混凝土搅拌机看上去跟探照灯似(shì)的。

(10)这件衣裳虽然穿了半年了,但跟新买的似(shì)的。

(11)这片郁金香白得跟雪似(shì)的。

(12)俩孩子被雨淋得跟落汤鸡似(shì)的。

“似的”已经凝固成一个词,因此不论在任何语法位置,都要写成“似的”,而不宜写成“似地”。另外,“类似”一词读 lèisì,有人读 lèishì,是一种误读。

一六五　“熟”在“娴熟”中读 shú,不读 shóu

“熟”是个文白异读字,有文白两读,文读是 shú,白读是 shóu。一般在读古诗文、成语、双音词中要文读;口语中单说时,多白读。例如:

(1)霜天熟(shú)柿栗,收拾不可迟。(唐·韩愈《送张道士》)

(2)耕耙而后用此,泥壤始熟(shú)矣。(明·徐光启《农政全书》卷二一)

(3)你只要把这篇文言文背得滚瓜烂熟(shú),就更容易理解内容了。

(4)要熟(shú)练运用这些技巧,必须多练习才行。

在口语中单说时，多读 shóu。例如：

(5)这饺子好像没煮熟(shóu)，速冻饺子得多煮会儿。

(6)其实我挺内向的，平时跟人话不多，这不跟您熟(shóu)了嘛，所以说话比较随便。

“娴熟”是双音词，且有一定书面语色彩，因此其中的“熟”宜文读为 shú。

一六六 “腧”跟“膻”的读音

有人在学习中医穴位的时候，碰到“腧”跟“膻”两个字，问这两个字怎么读。

“腧”读四声 shù，指人体上的穴位。也写成“输”或“俞”(shù)，但一般写成“腧”。“输”的本义是“运送”，而“腧”有“输注”的含义(“穴”有“空隙”的意思，是经络、脏腑气血输注处)。“俞”字起源较早，金文中就有，本义是“挖空树做成船”。“腧”出现较晚，见于中古《广韵》。用于指穴位，“腧”比“俞”似更容易让人理解，故用“腧”来指穴位渐成主流用法。“俞”现在的常见用法是做姓氏，读 yú。“腧穴”除了用来统称人体上的穴位外，也特指背部的背腧穴或四肢的五腧穴。

“膻”有两个读音：一个是一声 shān，另一个是四声 dàn。

1. 读一声 shān 时，是形容词，用来形容羊身上的臊(sāo)味。例如：

(1)羊肉饺子很好吃，一点儿膻味儿也没有。

(2)涮羊肉吃起来感觉不到一丁点儿膻味儿。

2. 读四声 dàn 时，用于“膻中”一词。这是中医学的名词，指人体胸腹间横隔膜。“膻中”也是穴位名，此穴位于胸部正中。

“膻中”的“膻”不宜写成“壇”。“壇”是“坛”的繁体字。“坛”在古代指举行大典的高台。后来也指用土堆成的用来种花的台。人们也用“坛”来表示某个领域，如“花坛”“文坛”“乒坛”。

一六七　“说服”怎么读

“说”字表示“用话来表达意思”时，读 shuō，例如在“说话”“解说”“诉说”等词语中读 shuō。“说”字表示“用话语劝说使人听从自己的意见”时读 shuì，例如在“说客”“游说”中读 shuì。

“说服”是“用理由充分的话使对方心服”的意思，其中的“说”，也有“劝说”的意味。因此，在口语中，也有人把“说服”中的“说”读成 shuì。

但是，在日常生活中，大多数人还是把“说服”中的“说”读成 shuō。或许因为这个原因，现在的词典一般都把“说服”中的“说”注音为 shuō。

另外，从词语的色彩说，“说客”“游说”都带有书面色彩，而“说服”口语、书面语中都用，所以人们大多“从俗”，读成 shuō 了。

一六八　“松赞干布”中的“干”怎么读

有人问，《文成公主进藏》中“松赞干布”的“干”应该读一声 gān 还是读四声 gàn。

“松赞干布”这一外来专有名词在汉字简化前就已存在，因此其中“干”的读音跟繁简字的对应有关。“松赞干布”中的

“干”是简化字，汉字简化时，把“乾”（gān）和“幹”（gàn）都简化作“干”。这个简化的“干”跟繁体字文本中的“干”“乾”“幹”三个字相对应：

“干”作为古已有之的传承字，用于“干戈”“干涉”“干支”等词语中，作为“乾”的简化字，用于“干燥”“风干”“干脆”“干净”等词语中，作为“幹”的简化字，用于“干线”“干部”“精干”等词语中。

在台湾《重编国语辞典》（修订本）中，繁体的“松贊干布”中也用“干”。此外，《小学生百科词典》（光明日报出版社 1988 年 2 月第 1 版）中，“松赞干布”词条有注音，“干”注为一声。因此，“松赞干布”中的“干”宜读一声 gān。

一六九 “宿”在“整宿”中的读音

“宿”有三个读音，分别是 sù 、三声 xiǔ 和四声 xiù。

（一）“宿”读 sù 的时候，表示“夜里睡觉”“过夜”。例如“宿舍”“宿营”“寄宿”“露宿”“住宿”“暮宿黄河边”“夜宿荒野”中的“宿”都读 sù。李白《宿五松山下荀媪家》说“我宿（sù）五松下”，是说自己在五松山下过夜。

读 sù 时，还有三种具有书面语色彩的用法：

1. 表示“旧有的；一向有的”。例如“宿敌”（一向的敌人）、“宿疾”（老病）、“宿怨”（旧的怨恨）中的“宿”都是这个意思。

2. 表示“年老的；长期从事某项工作的”。例如“宿儒”（老而学识渊博的读书人）、“宿将”（久经沙场的将领）中的“宿”都是这个意思。

3. 表示“隔夜的”。例如“宿酒”“宿雨”“宿妆”。

（二）“宿”读三声 xiǔ 时，是量词，用来计算“夜”。例如“住了一宿”“两人谈了半宿”“整宿在值班”“干了两天一宿才完成任务”。

《红楼梦》第四十八回中，薛姨妈和宝钗商量让薛蟠到南方做生意的事情。书中写道：“商议已定，一宿无话。”是说两人商议之后，就确定下来，一晚上不再议论此事了。其中的“宿”读 xiǔ。

（三）“宿”读四声 xiù 时，指某些星的集合体。我国古代天文学家把天空中黄道、赤道附近的恒星分成二十八组，每组称为一“宿”（xiù），合起来叫“二十八宿（xiù）”。古人所说的“星宿（xiù）”，现代一般用“星座”来指称。

一七〇　“遂”在“毛遂自荐”中的读音

“遂”有两个读音：一个是四声 suì，用例较多；另一个是二声 suí，在常用词语中，仅见于“半身不遂（suí）”。

读四声 suì 时表示这么几个意思：

1. 表“顺；如愿”。如“顺遂”“遂愿”“称心遂意”“这下可遂了他的愿”。《红楼梦》第四十六回中说：“天底下的事，未必都那么遂心如意的。”其中的“遂”要读四声 suì。

2. 表“成功”。如“功成事遂”“阴谋未遂”“政变未遂”。

3. 表“于是”，多用于文言句式。如：“服药后腹痛遂止。”“公事毕，遂归家。”“乃掘地，遂得水。”“战事毕，遂卸甲。”

媒体上近些年常说的“遂（suì）行”，是“实行；执行”的意思。例如：“遂行断指再植手术。”“这个新组建的轰炸机编队具有遂行远程全天候战斗任务的能力。”

"遂"本来只有四声 suì 一个读音,只因为"半身不遂"的"遂"读二声 suí,而且已经相沿成习,广为流传,所以人们在审音时增加了二声 suí 的读音。因此,古代医术《金匮要略·中风》中说的"夫风之为病,当半身不遂……"中的"遂"应读二声 suí。

"毛遂自荐"中的"遂"应该读四声 suì,有人读二声 suí,是误读。

另外,地名"遂川"(在江西吉安)、"遂宁"(在四川东部)中的"遂"读四声 suì。

一七一 "拓片"的"拓"读 tà,不读 tuò

"拓"有两个读音:tuò 和 tà。

"拓"读 tuò 时,表示"开辟",这种用法比较常见。例如:

(1)王工程师的一个点子开拓出一条新的研究道路。

(2)刘庄的鱼类养殖事业不断发展,在本地农村拓展出一片发展经济的新天地。

(3)小李庄是个偏僻的山村,通向外界的道路拓宽后,带动了旅游业蓬勃发展。

"拓"读 tà 时,指在碑刻、器物上蒙上薄纸,拍打后上墨,以显出文字、图像。例如:

(4)这个碑上的魏体字真叫棒,咱们把它拓下来吧。

(5)碑上的题诗是乾隆皇帝写的,不妨拓下来带回去欣赏。

(6)这本书是甲骨文的拓本,很有研究价值。

"拓片"指拓印了文字或图像的纸片,其中的"拓"读 tà,不宜读成 tuò。

一七二　“苔”在“绿苔”中的读音

在普通话水平测试的朗读作品《丑石》中，有“绿苔”一词，其中“苔”注音为二声。可是在配套的音像资料中，示范朗读者将其读为一声。“绿苔”的“苔”究竟应该怎么读呢？

“苔”字有两个读音：一个是一声 tāi，另一个是二声 tái。

在“舌苔”一词中，“苔”读一声 tāi。

在词语中充当语素，表示“苔藓植物”的意思时，“苔”读二声 tái。例如，在“苔原”“苍苔”“青苔”“狗尿苔”“毛毡苔”“紫菜苔”中，“苔”都要读二声 tái。

《丑石》中说，“丑石”上“竟锈上了绿苔、黑斑”。这里的“绿苔”是指绿色的苔藓植物，因此其中的“苔”也应当读成二声 tái。

《普通话异读词审音表》中规定，“苔”有两读，文读时读二声 tái，在口语中，也就是在白读时，读一声 tāi。据此，我们可以把“舌苔”理解成口语色彩比较明显的词语。“苔”充当语素表示“苔藓植物”一类意思时构成的词语，有的书面语色彩较浓（例如“苔原”），有的书面语、口语中都使用，即没有明显口语色彩（例如“青苔”），都要读二声 tái。

不能把“苔”看作“薹”（tái）的简化字。“薹”指“薹草”，或者指韭菜等植物中央细长的茎，跟表“苔藓植物”的“苔”的意思不同。菜市场上把“蒜薹”“韭薹”“油菜薹”写成“蒜苔”“韭苔”“油菜苔”，是一种不规范的写法。

一七三　“剔除”的“剔”读一声 tī，不读四声 tì

“剔”读一声 tī。例如：

(1)你把这些骨头上的肉剔(tī)干净。

(2)别老用牙签剔(tī)牙缝儿,这样牙缝会变宽的。

(3)必须剔(tī)除其中封建性的糟粕,保留其民主性的精华。

(4)这件翡翠手镯真是晶莹剔(tī)透啊,太漂亮了!

有人把"剔除"的"剔"读成四声 tì,是一种误读。

"挑剔"是轻声词,其中的"剔"要轻读,读成 tiāoti。由于读轻声词中轻读的音节听起来有点儿像四声,因此有人误以为"挑剔"的"剔"读四声。而"挑剔"是个常用词,有人便据此将其他的"剔"也读四声,形成了对"剔"的一系列误读。

一七四　"恬不知耻"的"恬"读二声 tián,不读三声 tiǎn

"恬"有两个意思:

1. 表"安静;安适"。例如:

(1)这个乡村别墅优雅恬静,是休养的好地方。

(2)下过雨后,窗外很安静,坐在窗前看书,感觉恬适,舒心。

2. 表"满不在乎;坦然"。例如:

(3)他竟然恬不知耻地公开说这些话。

(4)老郑听过类似的话,所以对小冯的话恬不为怪。

"恬"只读二声 tián,有人把"恬不知耻"中的"恬"读三声 tiǎn,是一种误读。

一七五　“提”在“提防”中读 dī

“提”做动词时一般读 tí。例如：

(1)小赵手里提着一桶水进了屋子。

(2)火车出站之后开始提速，很快就达到了每小时三百公里的速度。

(3)原定下周五的会议提前到下周三举行。

(4)按照约定，老周晚上八点到货站来提货。

(5)几个人商量之后，决定由老胡来提审嫌疑犯。

但是，在“提防”“提溜”两个常用词语中，要读 dī。例如：

(6)公共汽车上有小偷，你们都提防(dīfang)着点儿。

(7)别空着手，帮我提溜(dīliu)个包儿吧。

值得注意的是，“提防”跟“提溜”前一个音节都读一声 dī，而后一音节都读轻声。

一七六　“帖”在“请帖”“字帖”中的读音

“帖”有三个读音：一个读一声 tiē，第二个读三声 tiě，第三个读四声 tiè。

1. 读一声 tiē 时，表“顺从”或者“妥当”的意思，例如“服帖”“服服帖帖”“俯首帖耳”中的“帖”读一声 tiē，其中的“帖”是“顺从”的意思；“妥帖”“安帖”“宁帖”中的“帖”读一声 tiē，其中的“帖”是“妥当”的意思。

“帖”表“顺从”一类意思时，是动词性的；表“妥当”一类意思时，是形容词性的。

2. 读三声 tiě 时，表示“信函”一类意思。例如“请帖(tiě)”

“喜帖(tiě)”是邀请客人的信函,“谢帖(tiě)”“回帖(tiě)”则是写有简短事项的信函。《木兰诗》中说:“昨夜见军帖(tiě),可汗大点兵。”这儿的“帖”是一种文告。《儒林外史》中说:“你回他我们不在家,留下了帖(tiě)罢。”这里的“帖”指“名帖”,也就是名片。

3. 读四声 tiè 时,表示“写字或者绘画时模仿的样本”。因此,“字帖”“碑帖”“画帖”中的“帖”都读四声 tiè。例如《黄州寒食诗帖》中的“帖”要读四声 tiè,此帖简称《寒食帖(tiè)》,是北宋著名文学家、书画家苏轼行书的代表作。“帖”读三声和四声时,都是名词性的。

一七七 “吐痰”“吐血”中的“吐”读音不同

“吐”有三声 tǔ 和四声 tù 两个读音。

凡是主动地把东西从口中吐(tǔ)出来,都读三声 tǔ。例如:

(1)别随地吐(tǔ)痰,要养成维护公共场所卫生的好习惯。

(2)她边走边嗑瓜子儿,瓜子儿皮吐(tǔ)了一路。

(3)铁扇公主从嘴里吐(tǔ)出一把小扇子,交给孙悟空。

凡是被迫地从口中吐(tù)出东西,都读四声 tù。例如:

(4)小王得了肠炎,这两天上吐(tù)下泻。

(5)她怀孕了,反应厉害,老想吐(tù)。

(6)吃了药以后,病人的呕吐(tù)明显减少,估计一两天就好了。

另外,表示“说出”的意思时,读三声 tǔ。例如:

(7)这位先生谈吐(tǔ)高雅,一听就知道是有文化的人。

(8)他没有向敌人吐(tǔ)露一个字,受尽折磨,最后被组织营救出狱。

(9)新来的播音员吐(tǔ)字十分清楚。

而表示被迫交出赃款等,要读四声 tù。例如:

(10)下马的局长只得把赃款吐(tù)出来。

(11)你贪污了多少,现在就吐(tù)出多少。

(12)虽然他把受贿的500万元都吐(tù)出来了,但法院还是要依法追究有关刑事责任,然后作出判决。

"吐痰"是一种主动行为,所以其中的"吐"读三声 tǔ;"吐血(xiě)"是一种被动的行为,所以其中的"吐"读四声 tù。

一七八　"饨"在"馄饨"中读轻声 tun,不读 dun

"饨"读 tún,历史上曾用来指"饼"。古人说:"饼谓之饨。"(《太平御览》卷八六〇引《方言》)

在现代,"饨"只用于"馄饨"一词。在"馄饨"中"饨"读成轻声 tun。有人把"馄饨"的"饨"读成轻声 dun,是一种误读。

一七九　"外埠"的"埠"读 bù,不读 fù

"埠"(bù)指江河的码头,例如:

(1)此时,河面大风骤起,浪涛滚滚,幸好船已抵埠。

(2)我们到达船埠的时候,看见许多旅客在岸边等候。

"埠"后来也指"有码头的城镇",再后来也用来泛指"城

市”。常说的“本埠”指本地,多用于城镇。例如:

(3)每天早上老王都买一份报纸,先浏览本埠新闻。

(4)本埠的邮资比较便宜。

常说的“外埠”现在泛指外地。例如:

(5)外埠来京人员现在比较多,北京各区县都有。

(6)这些水果运到外埠,价格肯定上升不少。

“本埠”“外埠”中的“埠”都读 bù。把“埠”误读为 fù 是受了“阜”的影响。“阜”读 fù,最初指“土山”。《释名·释山》中说:“土山曰阜。”后来“阜”常用来表示“物资多”“富足”一类意思。例如:

(7)这个地区交通便利,经济繁荣,物阜民安,人们的日子过得挺舒心。

(8)该岛国盛产石油,民殷财阜,是所在地区最富裕的国家之一。

在地名“阜新”“阜阳”“曲阜”中,“阜”都读 fù。

一八〇 “惟妙惟肖”的“肖”怎么读

“惟妙惟肖”中的“惟”是语气助词,没有实在的意义,在这个成语中主要起补足四字格音节的作用。

“惟妙惟肖”中的“妙”是“精妙”的意思。

“惟妙惟肖”中的“肖”是“相像”的意思,“肖”读 xiào。整个成语的意思是,描写或模仿非常逼真。

一八一　“为民服务”和“为民所用”中“为”的读音一样吗

“为民服务”中的“为”读四声 wèi，意思是“替”或者“给”，是介词，作用是引进行为动作的接受者，即“受事”。再如：

为你高兴　　为他担心　　为大家做事
为农民说话　　为朋友出力　　为山区捐款

以上这些例子里，“为”后的“你”“他”“大家”“农民”等，都是行为动作关涉的对象或某种行为动作的接受者。也就是说，“为”读去声时，介引的是受事。

“为民所用”中的“为”应读二声 wéi。虽然也同样是介词，但引进的对象与“为民服务”中的“为”恰好相反，不是“受事”，而是行为动作的发出者，是“施事”。这里的“为”是“被”的意思。再如：

为人民所拥护　　为事实所证明　　为歌声所吸引
为风雪所阻隔　　为表面现象所迷惑　　为天地所不容

其中，“人民”是“拥护”的发出者，“事实”是“证明”的发出者，“歌声”是“吸引”的发出者，等等。也就是说，“为”读二声时，“为”介引的是施事。

这里的“为”后面一般都有“所”，也就是说，跟“所”连用，共同构成“为……所……”的格式。

一八二　“为之一振”的“为”怎么读

“为之一振”中的“为”，有人读二声 wéi，有人读四声 wèi，应当怎样读呢？

“为之一振”的意思是“因此就振奋起来”。例如：

(1)听到八路军打了胜仗的消息,当地军民的精神为之一振,决心团结起来,粉碎鬼子的扫荡。

(2)听说孩子考上大学了,卧病在床的母亲为之一振,病好了许多。

“为之一振”中的“为”是介词,表示原因或目的,读四声wèi。“为”同样的用法再如:

(3)大家都为这件事高兴。

(4)他还在为昨天的事儿生气呢。

(5)为实现中华民族的伟大复兴而努力奋斗。

(6)为了安全,大家一定要走人行横道线过马路。

(3)(4)中的“为”是表原因,(5)(6)中的“为”是表目的。

一八三 “侮辱”的“侮”读三声 wǔ,不读一声 wū

“侮”读三声 wǔ,意思是“欺负;凌辱;轻慢”。例如:

(1)有德之人,不侮鳏寡。

(2)士可杀而不可侮。

(3)在外来的侵略和压迫面前,全体中华儿女须团结御侮。

(4)不得侮慢使者。

“侮”常出现在“侮辱”中,而“辱”读三声,于是在“侮辱”中,“侮辱”两个上声字相连,前一字发生变调,“侮”读成类似二声的调值,因此有人误以为“侮”是二声字读 wú。口语中,也有人把“侮”误读为 wū。

一八四　“系”在“解铃还须系铃人”中的读音

“系”有两个读音：一个是 xì，一个是 jì。

（一）“系”读 xì 时意思较多。常见的有：

1. 指“系统”。例如：

（1）这件事需要直系亲属签字。

（2）汉语属于汉藏语系。

2. 指高校中按学科划分的教学单位。例如“数学系”“中文系”。

3. 表“关联”。例如：

（3）成败系于此举。

4. 在文言中表示“拴”“绑”。例如：“系马”（拴马）。

5. 指“挂念”。例如：

（4）他虽然在北京，仍心系这片黄土地。

（5）老王在国外已经住了许多年，但一直情系祖国。

6. 指“把捆好的东西或人提上来或送下去”。例如“把桶系到井下去”“把口袋系上来”。不过这种说法现在不多见了。

7. 相当于“是”。例如：

（6）他的祖父系山西人。

（7）这些事儿确系实情。

用“系”表示“是”的时候，有明显的书面语色彩。

（二）“系”读 jì 的时候，一般单说，用于口语，表示“打结”等。例如：

(8)把鞋带儿系(jì)好。

(9)绳子上系(jì)了把钥匙。

(10)请系(jì)好安全带。

(11)还是系(jì)个活扣儿吧,容易解开。

“解铃系铃”(也说成“解铃还须系铃人”)中的“系”虽然有人读 jì,但还是按照工具书读 xì 比较合适。因为这个成语是从宋代流传下来的,带有文言色彩。

一八五 “下载”的“载”怎么读

“下载”的“载”有人读三声 zǎi,有人读四声 zài,究竟应当怎么读呢?

“下载”从意思上来说,一般指将某个信息从网上“搬运下来”,转移到自己的电脑上。就这个意思而言,“载”读四声比较合适。

“载”读四声 zài 时,有“运”的意思。《广韵·队韵》说:“载,运也。”李白《怀仙歌》中说“巨鳌莫载三山去”,叶紫《星》里说“它把她发疯般地高高低低地载向那林子边前”。其中的“载”都有“(装)运”的意思。

“载”读三声 zǎi 时,有“记录”“刊登”“年”的意思,例如“记载”“登载”“千载难逢”中的“载”都读三声 zǎi。(“载”的读音详见 211 条:“载”在“载人航天工程”中的读音)

比较起来,“下载”的“载”的意思跟“运”比较接近,而跟“记录”“刊登”“年”相去较远。因此,从读音的理据来说,《现代汉语词典》(第 6 版)给“下载”的“载”注音为四声 zài 是比较妥当的。

不错，说普通话的人，往往把“下载”的“载”读成三声 zǎi。但是，在电台、电视台播音等比较讲求读音规范的场合，还是应当读四声 zài 为妥。就目前来说，这样做比较得当。

如果将来社会生活中人们长期、普遍地把“下载”的“载”读三声 zǎi，那时为了反映口语中的实际读音，工具书上或许可以添加一句“口语中也读 zǎi”。

一八六 “纤细”的“纤”读 xiān，不读 qiān

“纤”有两个读音：一个是 xiān，另一个是 qiàn。

“纤”读 xiān 时，表“细小”。例如：

（1）这种羊的毛又纤细，又长。

（2）画中的古代仕女十指纤纤，妩媚动人。

（3）这间屋子收拾得特别干净，纤尘不染。

“纤”读 qiàn 时，表“拉船用的绳子”。例如：

（4）现在很少看到拉船的纤夫了。

（5）拉纤用的绳子又粗又长。

“纤细”的“纤”读 xiān，有人误读为 qiān，或许是受了“纤”中右偏旁“千”的影响。

一八七 “鲜”在“屡见不鲜”“鲜卑”中的读音

“鲜”常见的读音有一声 xiān 和三声 xiǎn。

“鲜”读一声 xiān 时，在古代，最初是一种鱼的名字。后来用“鲜”来泛指鱼类，也指活鱼。渐渐也指新宰杀的鸟兽的肉，后来用来指新鲜食物。《红楼梦》第七回中说:“趁着他家有年下送鲜的船,交给他带去了。”其中的“鲜”指新鲜食物,宜读一声 xiān。现在常说的“鲜美”“鲜艳”“新鲜”等词语中,“鲜”读一声 xiān。

“鲜”读三声 xiǎn 时,是“少”的意思,例如在“鲜见”“鲜为人知”“寡廉鲜耻”中,“鲜”都表“少”,读三声 xiǎn。“朝鲜”“朝鲜族”中的“鲜”人们按照习惯读法读为 xiǎn。

“屡见不鲜”的“鲜”读一声 xiān。这个成语原先写成“数(shuò)见不鲜”,是说:对经常来的客人,主人就不用拿出鲜美的食品来款待了。后来,逐渐用“屡见不鲜”来形容某种现象经常见到,不觉得新奇。

夏天的时候,人们常说“鲜(xiān)啤”,指“生啤酒”,即一种不采用高温杀菌而通过过滤除菌制造的啤酒,这种啤酒口感新鲜,但不耐储藏。

“鲜卑”的“鲜”读一声 xiān。“鲜卑”是我国古代北方一个民族的名称。鲜卑族最初居住在现在的东北三省、内蒙古一带。汉代末年逐渐强盛起来,在南北朝的时候,曾经建立北魏、北齐、北周等政权。

一八八　“肖像”“生肖”中的“肖”读四声 xiào,不读一声 xiāo

“肖”有两个读音:一个是四声 xiào,另一个是一声 xiāo。

(一)“肖”读四声 xiào 时,表示“像;相似”。这种用法比较多见。例如:

(1)这幅画里的老渔民跟被画的人,神形毕肖。

(2)他的这些做派，酷肖其父。

(3)这幅画把儿童活泼有趣的神态画得惟妙惟肖。

“肖像”指人的画像或相片，其中的“肖”要读四声 xiào，“生肖”指“属相”，其中的“肖”也读四声 xiào。

(二)“肖”只在下面两种情况中读一声 xiāo：

1. 做姓氏。例如：

(4)肖(xiāo)先生今天来给大家做示范，大家掌声欢迎！

(5)老肖(xiāo)是这条战线上的老同志，经验很丰富，今天请他来给大家做报告。

应当注意，“肖”跟“萧”虽然读音相同，却是不同的姓氏，不宜混用。

2. 用于译音词。例如：

(6)肖(xiāo)邦是著名的波兰钢琴家。

(7)肖(xiāo)洛霍夫是苏联著名作家，著有长篇小说《静静的顿河》等。

一八九　“削”在贺敬之诗句“鬼门削”中怎么读

有人问，贺敬之的《三门峡梳妆台》中，“神门平，鬼门削，人门三声化尘埃！”里的“削”字应读“xiāo”还是“xuē”。

“削”是个文白异读字，有 xiāo、xuē 两读。口语中单说时读 xiāo，在合成词中读 xuē。例如在“剥削”“削减”“削弱”中读 xuē。

贺敬之的这首诗是一首现代诗，语言比较口语化，因此，其中的“削”读 xiāo 比较合适。而且，这里的“削”没在韵脚上，读 xiāo 不影响押韵。

一九〇 “校”在“校长”中的两种读音

“校”有两个读音：一个是 xiào，另一个是 jiào。

“校”读 xiào 的时候，有两个意思。一是表示“学校”，例如“校园”“校庆”；二是表示军队中的军衔名称，校级军官在将官之下、尉官之上。例如“上校”“少校”。

“校”读 jiào 的时候，也有两个意思。一个是核对，订正。例如“校对”“校正”“稿子校了三遍”中的“校”都读 jiào。校对是件不容易做好的工作，郭沫若曾说：“《青铜时代》和《十批判书》都由我自己校对了几遍，但终不免仍有错字，深感校书之难。”这段话里的“校”都要读 jiào。

“校（jiào）订”的意思是对照原文或可靠材料，改正文稿中的错误。书名中的“校（jiào）补”指校订并补正，如《楚辞校补》。“校（jiào）释”指校订并注释，如《庄子校释》。

读 jiào 时，还有“比较，较量”的意思。例如“校场”中的“校”应当读 jiào。“校场”是古时候操练或者比武的场地。北京西城区北部（原宣武区）的“校场口胡同”北侧，是明代操练士兵的“校场”。宋代的陆游在《老学庵笔记》中说：“车驾幸候潮门外大校（jiào）场大阅。”意思是皇帝在校场检阅部队。

有趣的是，“校长”如果读 xiàozhǎng，是指学校里行政、业务等方面的最高领导人；如果读 jiàozhǎng，则指古代一队士兵的队长。

一九一　“解数”中“解”的读音

“解”有三个读音：三声 jiě、四声 jiè 和 xiè。

（一）“解”读三声 jiě 较多见，常见意思有：

1. 剖开；分开。如“解剖”“瓦解”“难解难分”。

2. 把扣或结打开。如“解扣儿”“解鞋带儿”“慷慨解囊”。

3. 消除；排除。如“解冻”“解密”“解聘”。

4. 分析；说明。如“解释”“解说”“解读”。

5. 懂得；明白。如“理解”“了解”“大惑不解”。

应当注意，“解甲归田”是说脱掉铠甲，回家种田，其中的“解”读三声 jiě 不读 xiè。“解职”是说解除职务，其中的“解”读三声 jiě。另有“卸职”一词，其中的“卸”读 xiè。

（二）“解”读四声 jiè 时常见的意思是押送。“解差”“解送”“解押”“押解进京”中的“解”读四声 jiè。“解元”中的“解”读四声 jiè。明清两代在省城举行“乡试”，考中的称“举人”，举人第一名称“解元”。

（三）“解”读 xiè 时，主要有三个意思：

1. 表示“懂得；明白”。例如：

（1）他掰开揉碎地讲解，学生们才解（xiè）开其中的含意。

（2）你只要多想想就解（xiè）得开这个道理。

2. 武术的套路，也特指马术表演的技艺，如“跑马卖解”。

“解数”中的“解”读 xiè 不读三声 jiě，本指武术套路，现在多泛指手段、本领，例如：

（3）他们使出了浑身解（xiè）数，也没摆脱自己的困境。

（4）他解（xiè）数用尽，也没攻克这个难关。

3. 用于地名和姓氏。古地名有“大解(xiè)”“小解(xiè)”，两地均在河南洛阳。解(xiè)州镇在山西运城。“解(xiè)池”是湖名,也称“运城盐池”,在山西运城市南。解(xiè)缙是明代江西人,曾主持纂修《永乐大典》。

一九二　“兴”在“兴奋”中的读音

“兴”有一声 xīng 和四声 xìng 两个读音。

1. “兴”读一声 xīng 的时候表示这么几个意思:

(1)举办。例如在“兴办文化事业”“兴建新体育场”“不能随意大兴土木盖宾馆”“那时候,‘文革’刚结束,百废待兴”中读一声 xīng。

(2)流行。例如在“现在国外不少地方兴起汉语热”“这种款式很时兴”“如今已经不兴这种样式了”中读一声 xīng。

(3)兴盛。例如在“振兴中华”“实现民族的伟大复兴”中读一声 xīng。

(4)使兴盛。例如在“多难兴邦”“大兴爱民廉政之风”中读一声 xīng。

在文言中,“兴”(xīng)有“起来”的意思。例如“晨兴”是说早晨起来。“夙兴夜寐”是说早起晚睡,用来形容勤劳。

“兴”(xīng)还有“准许”的意思,但多用于否定形式。例如“不兴胡说”“不兴随便打人”。这种用法有方言色彩。

在甲骨文里,“兴”字形似众手举起一物。可见“举起”“兴起”是“兴”(xīng)最初的意思。“兴奋”是“振奋;激动”的意思,其中的“兴”宜读一声 xīng。

2. “兴”读四声 xìng 时,是名词,意思是“喜好”,也就是“乐趣”。例如“他对这种乐器很感兴趣”“大家都很高兴”“这是他退休后的一点雅兴”“面对优美的风光，老李不禁诗兴大发”“乘兴而来，尽兴而归”中的“兴”都读四声 xìng。

《红楼梦》第四十八回中，薛宝钗对母亲说，不妨让哥哥到南方去做生意，闯一闯，“左右没有助兴的人，又没了倚仗”，或许会变得规矩些。其中“助兴”的“兴”应当读四声 xìng。

一九三　“眩目”“眩晕”的“眩”读四声 xuàn，不读二声 xuán

“眩”有两个意思：

1. 眼花；头晕。例如：

(1) 汽车在山路上左转右转，他忽然觉得头晕目眩。

(2) 早上起来，猛然间感到一阵眩晕，忙到医院做检查。

2. 迷惑。例如：

(3) 人不可眩于虚名。

(4) 眩于名利者必为名利所困。

“眩”只读 xuàn，有人误读为 xuán，或许是受了右偏旁“玄”的影响。

一九四　“渲染”的“渲”读四声 xuàn，不读一声 xuān

“渲染”有两个意思。一个指“一种绘画的技法”。例如：

(1) 这幅山水画运用了渲染的技法，显得意境深远。

(2) 他晚年的画作显示出，对渲染技法的运用达到了炉火纯青的地步。

"渲染"的另一个意思是"夸大地形容或描述"。例如:

(3)不过是一件小事而已,不必过分渲染了。

(4)好多人听了他对山里景色的渲染,双休日纷纷前去观赏,结果都失望而归。

"渲染"的"渲"只读四声 xuàn,有人读 xuān,是一种误读,或许是受了"渲"字右偏旁"宣"读一声的影响。

一九五 "穴位"的"穴"读二声 xué,不读四声 xuè

"穴"有下面几个意思:

1. 表"洞;窟窿"。例如

(1)山腰上有个洞穴,谁都不知道是怎么上去挖的。

(2)这恐怕是空穴来风的话,没什么根据。

2. 表"动物的窝"或"敌人盘踞处"。例如:

(3)树根旁有个蚁穴,几个孩子围着观察。

(4)我们的侦察员化装成小贩深入匪穴了解敌情。

3. 表"墓坑"。例如:

(5)考古人员发现,墓穴周围还有不少夯土。

4. 表"针灸的部位"。例如:

(6)针刺足三里穴能止住胃部疼痛。

(7)扎合谷穴有助于治疗面部疾患。

"穴"是古代入声字。过去有二声 xué 跟四声 xuè 两个读音,现在只读二声 xué。

一九六　“压根儿”的“压”读四声 yà，不读一声 yā

“压”有两个读音：一个是一声 yā，另一个是四声 yà。

“压”在“压根儿”“压板”中读四声 yà。例如：

(1)我压(yà)根儿就不知道这件事。

(2)这个难题压(yà)根儿就没得到解决。

(3)小朋友都喜欢玩儿压(yà)板。

(4)托儿所里有两个压(yà)板，颜色很漂亮。

除了“压根儿”“压板”之外，现代汉语中其他词语中的“压”，一般都读一声 yā。例如：

(5)这些同志在困难面前真是泰山压(yā)顶不弯腰啊。

(6)你们不能以势压(yā)人，要听听大伙儿的意见。

(7)我国女跳水运动员技压(yā)群芳，夺得这个项目的奥运金牌。

(8)这些基层干部压(yā)力大，事情多，整日忙活，很是辛苦。

(9)你别生气，这样有利于保持血压(yā)稳定。

一九七　“燕”在“燕赵”中怎么读

“燕”有两个读音：一个是四声 yàn，一个是一声 yān。

读 yàn 时，指家燕，也就是平时说的燕子。燕子是候鸟，飞行时捕捉昆虫，对农作物有益。要注意将“燕”跟“大雁”的“雁”区分开来。成语“雁过拔毛”中的“雁”不能写作“燕”，而词语“燕麦”“燕雀”“燕窝”“燕尾服”中的“燕”不能写作“雁”。

“燕”读 yān 时，用于地名。北京西面有“燕(yān)山”。北京一带春秋战国时期属“燕国”，其中的“燕”读 yān。“燕京”是北京的旧称，这里曾是燕国都城所在地。北京出产的“燕京啤酒”中的“燕”应当读 yān。

战国时期，燕国是个强国，是战国七雄之一。战国末年，燕国太子派荆轲去秦国刺杀秦王，于是便有了历史上荆轲刺秦王的故事。

“燕(yān)赵”指战国时代的燕国和赵国，现在也用“燕赵”来泛指古代燕国、赵国所在的地区，也就是河北省北部和山西省西部一带。历史上“燕赵”多慷慨激昂之士，后来人们用“燕赵风”来指刚强不屈的气概。唐朝诗人韦应物的诗作中有“英豪燕(yān)赵风”的诗句。

一九八　“烊”在“打烊”中读四声 yàng，不读二声 yáng

“烊”是个有方言色彩的词。有二声 yáng 和四声 yàng 两个读音。

“烊”读二声 yáng 时，表“熔化”或“溶化”。例如：

(1)两位师傅开始烊(yáng)锡。

(2)锅里的糖烊(yáng)了。

“烊”读四声 yàng 时，用于“打烊”，指商店晚间关门。例如：

(3)现在打烊(yàng)了，明天来吧。

(4)这家店铺晚上几点打烊(yàng)？

“打烊”的“烊”读四声 yàng，有人读二声 yáng，是一种误读。

一九九 “掖”在“掖被子”“奖掖”中的不同读音

“掖”有一声 yē 和四声 yè 两个读音。

“掖”读一声 yē 时，表示“塞”或“藏”。例如：

(1)室内太冷了，他把被子掖(yē)了又掖(yē)。

(2)老张把信掖(yē)到小胡家门缝。

(3)你就别掖(yē)着藏着的啦，大家伙儿都看见了。

(4)一路上把钱可要掖(yē)好喽。

“掖”读四声 yè 时，表“搀扶”或“扶助”。例如：

(5)老王一边售票，一边扶掖(yè)上车的老人。

(6)刘教授很注意提掖(yè)自己的学生，帮助他们尽快成长。

(7)周院士一贯奖掖(yè)后学，受到学界敬重。

二〇〇 “一食或尽粟一石”中的“石”怎么读

有人问，语文课本中《马说》一文里“一食或尽粟一石”中的“石”怎么读。

《马说》是唐代文学家韩愈的一篇文章，原为韩愈所作《杂说》的第四篇。文中“一食或尽粟一石”的意思是“吃一顿有时能吃完一石粮食”。这里的“石”是容量单位，10 斗等于 1 石。表容量的“石”在现代汉语中读 dàn。

在《现代汉语词典》中，对此字在括注中说“在古书中读 shí”。《新华字典》里，对此字也在括注中说“此义在古书中读 shí”。这两处说明实际上是指出，“石”表容量单位时，在“古音”中读 shí。

我们现在读古诗文时，一般应倡导按照现在普通话的读音来读。这样读，也便于现在的人理解。例如成语“叶公好龙”中的“叶”，1937 年的《国语辞典》中注音为 shè，而现在的工具书一般注音为 yè。再如，“衣锦还乡”中的“衣”，《国语辞典》注音为 yì，而现在的工具书一般注音为 yī。按照现在的普通话来读古诗文、成语，是一种历史趋势。因此建议将表示容量的“石”读作 dàn。

这其实是个观念的问题，对古诗文中的某些字，有人主张按“古音”来读，有人主张按现代音来读。后者已成为一种主流观念。如果有人按照“古音”来读，我们不一定非去纠正人家，但我们自己最好按照普通话的读音来读。

二〇一　“谊”在“略尽地主之谊”中怎么读

有人问，尽“地主之谊”中的“谊”应该读二声 yí，还是读四声 yì。

“谊”是“交情”的意思。“地主”有两个意思，一个是“占有土地不劳动的人”，另一个意思是“住在本地的人”。“地主之谊”中的“地主”是后一个意思。

《普通话异读词审音表》规定，“谊”字统读为 yì，也就是说，“谊”字只有四声 yì 这一个读音，因此，“略尽地主之谊”及以下句子的“谊”都读四声 yì：

(1)他们的友谊(yì)已经有三十多年了。

(2)不能忘记手足情谊(yì)，我必须出手相助。

(3)这两家人的故事显示出两个民族的深情厚谊(yì)。

二〇二 “殷实”“殷红”中“殷”的不同读音

“殷”有三个读音：一声 yīn、三声 yǐn 和 yān。

（一）“殷”读一声 yīn 时表示：

1. 丰盛；富足。例如：

（1）这家农户原先比较贫困，现在已经成为殷实人家了。

（2）大办“农家乐”之后，这个小村庄的村民终于变得家道殷富。

2. 深切。例如：

（3）我们殷切期望同学们毕业后，为家乡建设贡献力量。

（4）家长对孩子总是期盼甚殷。

3. 用于“殷勤”，表“热情周到”。例如：

（5）这家老字号餐馆接待顾客总是十分殷勤。

4. 指“殷朝”。例如：

（6）甲骨文是殷商时代的遗物。

上述“殷”读一声 yīn 的情况比较多见。

（二）“殷”读三声 yǐn 时，是拟声词，用来形容雷声。例如：

（7）马足动地殷如雷，声闻数里。（《明史·左良玉传》）

这种用法文言色彩明显，现在用得不多。

（三）“殷”读 yān 时，指“暗红色”。在常用词语中仅见于“殷红”一词。例如：

（8）刑警队发现衣服上有殷（yān）红的血迹。

(9)大公鸡殷(yān)红的鸡冠随着啄食动作而摆动。

读“殷”常见的错误是将“殷(yān)红”的“殷”读成 yīn。

二〇三 “饮马”的“饮”读四声 yìn,不读三声 yǐn

“饮”有三声 yǐn 和四声 yìn 两个读音。

(一)“饮”读三声 yǐn 时,常见意思有:

1. 喝,有时专指喝酒。例如:

(1)过上了好日子的村民懂得饮水思源的道理。

(2)两位老朋友见面,分外高兴,开怀畅饮起来。

2. 可以喝的东西。例如:

(3)您给我来杯冷饮吧。

(4)我要个热饮,有奶茶吗?

3. 内心存着。例如:

(5)在那个年代,老先生的冤情一直未昭雪,饮恨而终。

这种用法有文言色彩。

(二)“饮”读四声 yìn 时,特指给牲畜喝水。例如:

(6)这会儿也该饮(yìn)马了。

(7)我们现在就去饮(yìn)牲口吧。

另外,过去把戏曲演员在舞台上喝水润嗓子叫“饮(yìn)场”,现在一般没有这种做法了。饮(yìn)马的“饮”容易误读成三声 yǐn。

二〇四 “荫及子孙”的“荫”怎么读

当人们介绍某项利国利民的工程时，常说该项工程“造福当代，荫及子孙”。这里的“荫”应当怎样读呢？

“荫”有两个读音：一个是一声 yīn，另一个是四声 yìn。

（一）“荫”读一声 yīn 时，表“树荫”的意思。例如“绿树成荫（yīn）”。

（二）“荫”读四声 yìn 时有以下几个意思：

1. 表“没有阳光且又凉又潮”。例如：“荫（yìn）凉地儿”，“地窖很荫（yìn）”，“屋里太荫（yìn）”等。

2. 表“遮蔽”“遮盖”。例如：“荫（yìn）覆”。

3. 表“庇护”。例如：“荫（yìn）蔽”。

4. 表“封建时代子孙因祖先的官职、功劳而受到封赏”。例如：“余荫（yìn）”“恩荫（yìn）”。

“荫及子孙”跟读四声 yìn 时的第三个意思是相同的，因此，“荫及子孙”中的“荫”应读四声 yìn。有人读 yīn 是一种误读。

二〇五 “应声”的两种读音和意思

“应”有一声 yīng 和四声 yìng 两种读法。

（一）“应”读一声 yīng 时，主要表示这么几个意思：

1. 表示“出声回答”。例如：

（1）喊了两声，屋里没人应（yīng）。

（2）你明明在这儿，怎么刚才叫也叫不应（yīng）？

2. 表示“允诺、答应做某事”。例如：

（3）几个条件他都应（yīng）了。

(4)你应(yīng)下的工作要按时完成。

表示这类意思的“应许”“应允”中的“应”也读一声 yīng。

4. 表示“应该”。例如：

(5)这是我们应(yīng)尽的义务。

(6)发现问题应(yīng)立即着手解决。

“应当”“应得”“应分”中的“应”是“应该”的意思，也要读一声 yīng。

另外，“应届”中的“应”是“本期的”的意思，要读一声 yīng。“应届”只用于毕业生，不用于入校生。“应名儿”是“挂虚名”或“名义上”等意思，其中的“应”也读一声 yīng。

(二)“应”读四声 yìng 时，主要表示这么几个意思：

1. 作出反响。例如“应答”“呼应”“响应”“山鸣谷应”中的“应”都读四声 yìng。

2. 接受或满足要求。例如“应聘”“应邀”“应征”“有求必应”中的“应”都读四声 yìng。

3. 顺应；适合。例如“应景”“应时”“应用”“应运而生”“得心应手”中的“应”都读四声 yìng。

4. 对付或处理。例如“应变”“应酬”“应敌”“应对”“应付”“应急”“应接不暇”“随机应变”中的“应”都读四声 yìng。

5. 证实。例如“应验”“今天的事情应了他的话”中的“应”都读四声 yìng。

“应声”中的“应”读一声 yīng 时，“应声”是“出声回答”的意思，常读成儿化词。例如：“他敲了半天门，里头没人应(yīng)声儿。”“应声”中的“应”读四声 yìng 时，“应声”是“随着声音”的意思。例如:“狙击手开枪后,歹徒应(yìng)声倒地。”

“答应”的“应”在普通话口语中读轻声。

二〇六　“莠”在“良莠不齐”中读三声 yǒu,不读四声 yòu

“良莠不齐”中的“莠”指狗尾草,也就是农田中的杂草,这里用来比喻坏人。“良莠不齐”指好人坏人混杂在一起。例如:

(1)各省候补人员十分拥挤,其中鱼龙混杂,良莠不齐。(清·李宝嘉《官场现形记》第五十六回)

(2)学堂里是良莠不齐的,有好人,就有坏人……(李劼人《大波》)

“良莠不齐”也说成“良莠不一”。例如:

(3)人上一百,形形色色,难免良莠不一……(姚雪垠《李自成》)

“良莠不齐”中的“莠”读三声 yǒu,有人读四声 yòu,是一种误读。

二〇七　“隅”(用于“负隅顽抗”等)读二声 yú,不读三声 yǔ

“隅”是“角落”或“靠近边沿的地方”的意思。例如:

(1)敌人负隅(yú)顽抗,只有死路一条。

(2)不能持之以恒的人,事业必然失败,最后难免向隅(yú)而泣。

(3)失之东隅者,仍可收之桑榆。

(4)俗话说,一人向隅(yú),满座不乐,你还是开心点儿吧。

"隅"读二声 yú,有人读成三声 yǔ,是一种误读。

二〇八　"与会""参与"中的"与"读四声 yù,不读三声 yǔ

当"与"表示"参与"的意思时,要读四声 yù。例如:

(1)吾不与(yù)祭,如不祭。(《论语·八佾》)

(2)七十不与(yù)宾客之事。(《礼记·王制》)

在现代汉语中"与"表示"参与"的意思时,常见的情况是出现在"与会""参与"两个词中。例如:

(3)与(yù)会人员请到二楼就餐。

(4)他参与(yù)了研制新型太阳能电池板的工作。

有人把"与会""参与"中的"与"读成三声 yǔ,是一种误读。

二〇九　"跃"(用于"欢呼雀跃"等)读 yuè,不读 yào

"欢呼雀跃"的"跃"是"跳"的意思。例如:

(1)走到一条小河前,他一跃(yuè)而过。

(2)祖国如今在飞跃(yuè)发展,将来会更好。

(3)这家工厂有的产品的质量如今已经跃(yuè)居世界前列。

(4)老师拿来几件东西,并出了道难题,几个学生同时举手,跃(yuè)跃欲试,而且都充满信心。

"跃"读 yuè,口语中过去有人读 yào,现在以 yuè 为规范读音。

二一〇 “晕”什么时候读四声 yùn

说“有点头晕”“晕头晕脑”“晕头转向”的时候，“晕”读一声 yūn，什么时候读四声 yùn 呢？

有三种情况要读四声 yùn：

首先，“日晕”“月晕”中的“晕”要读四声 yùn。

其次，称光影、色彩四周模糊的部分，读四声 yùn。如“灯晕”“墨晕”“脸上泛起一层红晕”中的“晕”读四声 yùn。

最后，词语的意思指由于外界因素引起的头晕，也读四声 yùn。例如“晕车”“晕船”“晕场”“晕高”“晕针”“晕血”等词语中的“晕”读四声 yùn。这些词语中，后一个语素都表示引起头晕的原因。

由此可以看出，同样都表“晕”，但读一声和读四声意思不同。读一声时，是由于自身的原因而“晕”的；读四声时，是由于外界事物的影响而头晕的。

以此类推，“晕厥”“晕倒”中的“晕”读一声 yūn，“晕飞机”中的“晕”读四声 yùn。

“眩晕”中的“晕”应该读一声还是四声呢？“眩晕”是感觉到周围东西旋转而引起的头晕，所以其中的“晕”读四声 yùn。但词序相反的“晕眩”不同。“晕眩”是“头晕目眩”的意思，实际上就是指头晕，所以“晕眩”中的“晕”宜读一声 yūn。

二一一 “载”在“载人航天工程”中的读音

“载”字有两个读音：一个是三声 zǎi，另一个是四声 zài。

（一）以下两种情况读三声 zǎi：

1. 表示“记录”“刊登”。例如：

(1)这篇日记如实记载了当时军民齐心反击日本侵略者的情况。

(2)他们的光辉业绩已经载入史册。

(3)发刊词载于该刊去年的创刊号。

(4)那首诗被多家文学杂志转载。

2. 表示“年”。例如：

(5)照这样搞下去，只要三年两载全村人都能脱贫致富。

(6)京城一别，于今已有十载。

(7)这真是千载难逢的好机会啊！

(二)“载”的第二个读音是四声 zài，以下情况读 zài：

1. 用运输工具等承载或指所承载的东西。例如：

(8)这条船一次最多载 60 人，再多就超载了。

(9)公路上开来了一辆载重汽车。

(10)艺术团访问东南亚几个国家后载誉归来。

(11)车到站后，立即组织人力卸载。

(12)我国载人航天工程进展顺利。

例(8)中的“超载”是“超负荷装载”的意思，例(10)中的“载”是比喻性的说法，例(11)中的“载”指装载的东西。都读四声 zài。

2. 表示“充满道路”。例如：

(13)虽然荆棘载途，但他们矢志不渝，锐意改革，终于取得重大成果。

(14)当时，在军阀的统治下，民不聊生，怨声载道。

3. 表示两种行为同时或交替进行，相当于“一边……，一边……”。例如：

（15）码头上，人们载歌载舞欢迎从南极归来的科学考察队员。

（16）生日宴会上，客人们载笑载言，很是愉快。

（15）中“载歌载舞”的意思是“一边唱歌，一边跳舞”，（16）中“载笑载言”的意思是“一边笑，一边说话”。

二一二　“咋舌”中“咋”的读音

“咋舌”的“咋”读 zé，不读 zhà。“咋舌”字面上的意思是“咬住舌头”，一般用来形容人因为吃惊或害怕而说不出来话的样子。例如：

（1）他昨天匪夷所思的举动令人咋舌。

（2）这个体操运动员自创的大胆动作出乎所有人预料，观众无不咋舌。

（3）有几个镜头比较恐怖，学生们看到这儿，或咋舌或尖叫。

另外，“咋”还读 zǎ 和 zhā。

“咋”读 zǎ 时，是常见的方言说法，是疑问代词，相当于普通话中的“怎么”。例如：

（4）这事儿该咋办就咋办，我没意见。

（5）今天大家都来开会了，你咋不来啊？

（6）只听远处传来“轰隆”一声，不知是咋回事儿。

（7）那件事情，你办得咋样啦？

“咋”读 zhā 时，用于“咋呼”一词。“咋呼”有两个意思。

一个意思是“大声叫嚷”。例如：

(8)你咋呼什么，全楼的人都快被你吵醒了。

(9)有点儿事他就咋咋呼呼的，沉不住气。

(10)你瞎咋呼啥？那么远谁听得见你乱嚷嚷啊？

另一个意思是“吹嘘；张扬”。例如：

(11)刚有点成绩，你就到处咋呼，还是先想想有什么不足吧。

(12)别跑到别的班咋呼了，虽然得了冠军，还是应多看看自身的不足，多想想怎么克服存在的缺点。

(13)考上大学也不是什么了不起的大事，穷咋呼个啥？

在历史上，“咋”有同“乍”“炸”的用法，这时读 zhà，但在现代汉语中，一般不这么用“咋”了。

二一三　曾参、曹参、岑参 三人名字中的“参”怎么读

曾参是春秋时期鲁国人，孔子学生。曾提出“吾日三省吾身”的修养方法。他认为“忠恕”是孔子“一以贯之”的思想。

曹参是汉初大臣。他跟随刘邦起义，屡建战功，被封为平阳侯。后继萧何为汉惠帝丞相。

岑参是唐代诗人。他在西北边防地区从军多年，对边塞生活有较深体验，擅长写边塞诗。他在诗中歌颂了边关将士英勇战斗的精神，描绘了边塞风光的豪迈气势。

这三个历史人物的名字都是“参”，都读为“shēn”。

“曹参”的读音，依据《中国大百科全书·中国历史》；“岑参”的读音，依据《中国大百科全书·中国文学》；“曾参”的读音，依据《古人名字解诂》(语文出版社)。

二一四　“憎恨”的“憎”读一声 zēng，不读四声 zèng

“憎”是“痛恨；厌恶”的意思。例如：

(1) 对这类事情，我们必须爱憎(zēng)分明。

(2) 言行不一、胡搅蛮缠的人的确面目可憎(zēng)。

(3)“糟老头子”是憎(zēng)称，“老头儿”是爱称，“老人家”是尊称。

“憎”读一声 zēng，有人误读成四声 zèng，或许是受了“赠”的影响。

二一五　“札记”的“札”读二声 zhá，不读一声 zhā

“札”指古代书写时用的小木片。例如：

(1) 上许，令尚书给笔札。(《史记·司马相如列传》)

(2) 乍削柳枝聊代札。(唐·皎然《上居示灵澈上人》)

(3) 籍皆用一尺二寸札，已在官役者载名。(《太平御览》卷六百零六)

后来，“札”常用来指书信。例如：

(4) 客从远方来，遗我一书札。上言长相思，下言久离别。(《古诗十九首·孟冬寒气至》)

(5) 历览书史，间习尺牍，札翰往还，甚有意理。(《魏书·夏侯道迁传》)

(6) 会面思来札，销魂逐去樯。(唐·杜甫《冬晚送长孙渐舍人归州》)

(7) 余接此札，如闻青天霹雳……(清·沈复《浮生六记·坎

坷记愁》)

(8)昨得大札后,匆复一笺。(鲁迅《书信·致黎烈文》)

“书札”指“书信”,如(4)。再如:

(9)程虎道:“见有书札,托我回复洪恭,我不曾替他投递。”(明·冯梦龙《古今小说·汪信之一死救全家》)

(10)料得此时依母坐,看封书札寄长安。(清·袁枚《随园诗话》卷五)

“札记”指读书时摘记的要点、心得等。例如:

(11)古言“方策”,汉言“尺牍”,今言“札记”矣。(章炳麟《国故论衡·文学总略》)

(12)或学而有得,或思而有得,辄札记之。(清·王筠《菉友肊说》)

“札”读二声 zhá,有人误读成一声 zhā,或许是受了“扎”的影响。

二一六　“择席”中“择”的读音

“择”有两个读音:一个是 zé,另一个是 zhái。

“择”读 zé 的时候,是“挑选”的意思。例如:“择友应当慎重。”“要选择适合自己的工作。”“‘择善而从’是说采纳正确的意见或选择好的方法加以实行。”这几句话中的“择”均表“挑选”,都读 zé。

“择”读 zhái 的时候,有两个意思。一个意思也是“挑选”,但跟读 zé 时表示“挑选”有所不同。读 zé 表示“挑选”时,多见于书面词语，如上面例子中的“择友”“选择”“择善而从”。而读zhái表示“挑选”时，多是单说，常见于口语词。例如：

(1)咱们先择韭菜，然后包饺子吃。

(2)我有择(zhái)席的毛病，换个地方就睡不着了。

(1)中的“择”是单说，指挑选出蔬菜里能吃的部分，把不能吃的部分去掉。(2)中的“择”也是“挑选”的意思，“择席”是口语词，是说换个地方后睡不安稳。

《红楼梦》第七十六回中说：“谁知湘云有择席之病，虽在枕上，只是睡不着。”其中的“择席”宜读zháixí。

“择”读zhái的第二个意思是“分解并清理(混乱的线、绳等)”，多用于口语。例如：

(3)费了半天劲才把那团毛线择(zhái)开。

(4)这些毛线缠绕成一团，择不开了。

(4)中的“择不开”有时也表示“因摆脱不掉(缠身的事务)而抽不开身”。例如：

(5)新工作忙得我不亦乐(lè)乎，实在择(zhái)不开，下月咱们再找时间商量吧。

二一七 “涨”在“热情高涨”中的读音

“涨”有两个读音：一个是三声zhǎng，另一个是四声zhàng。

1.“涨”读三声zhǎng时，多跟水位、价格、热情的提高有关。例如：

(1)这些天下大雨,湖水涨(zhǎng)了不少,要注意堤坝的安全。

(2)山洪暴发后,河水暴涨(zhǎng),不适合行船。

(3)前一段大蒜价格猛涨(zhǎng),有人戏称之“蒜你狠”。

(4)今年猪肉价格比较稳定,没怎么涨(zhǎng)。

(5)战士们士气高涨(zhǎng),积极要求参战。

(6)群众对养殖这种山羊热情高涨(zhǎng),村里有几十户参加了养羊合作社。

“涨”读四声 zhàng 时,多跟吸收液体后体积增大有关。例如:

(7)豆子泡了几天,都涨(zhàng)了,比原来大了不少。

(8)压缩食品吸水后,会涨(zhàng)大许多。

指人头、脸充血时“涨”也读四声 zhàng。例如:

(9)他的这些话气得我头昏脑涨(zhàng)。

(10)小李很不好意思,脸涨(zhàng)得通红。大家忙安慰他。

另外,表示数目超出预期,“涨”也读四声。例如:

(11)这次会议杂项支出较多,会议费花涨(zhàng)了。

(12)一算,比原先涨(zhàng)出了两尺面料。

二一八 “着(zháo)地”还是“着(zhuó)地”

有人问,《现代汉语词典》中“着”(zháo)和“着”(zhuó)均有“接触;挨上”义。那么“两个铁球同时着地”中的“着”应该怎么读。

“着”(zháo)跟“着”(zhuó)都有“接触;挨上”的意思,但使用场合有所不同。“着”(zháo)用于单说。例如:

(1)你的手破了,上点药,别着(zháo)水,就不会感染了。

(2)披上雨衣吧,你感冒刚好,着(zháo)了雨会发烧的。

(3)我穿上冰鞋,脚刚着(zháo)冰,就要滑倒。

“着”(zhuó)用在词语中充当语素。例如:

(4)这种虫子的卵附着(zhuó)在树叶上。

(5)直升飞机已经着(zhuó)陆,快把伤员抬过去。

(6)他不着(zhuó)边际地谈了一通,参加会议的人都莫名其妙。

(4)(5)是用于双音词中,(6)是用于成语中。

这种差别被称为“文白异读”,是某些字在表示同样的意思时,读书音跟口语音有所不同而造成的。因此,在口语色彩明显的谚语中,表“接触;附着”义的“着”也读 zháo。例如:

(7)咱们在半路上,前不着(zháo)村,后不着(zháo)店。

(8)他办事真有点着(zháo)三不着(zháo)两。

(9)我现在的处境真是上不着(zháo)天,下不着(zháo)地啊。

“两个铁球同时着地”中的“着地”跟例(1)至(3)中“着”的用法相同,是单用,因此宜读 zháo。

二一九 “召集”的“召”读四声 zhào,不读一声 zhāo

“召”有 zhào、shào 两个读音。

在现代汉语中,“召”读 zhào 比较多见,用来表示“召唤”的意思。例如：

(1)赶快召(zhào)集大家来开会，把这两个问题迅速解决。

(2)战士们准备随时响应祖国的召(zhào)唤，保卫国家安全。

(3)外交部决定召(zhào)回驻该国的大使。

(4)部长召(zhào)见几个有关人员询问一些情况。

地名中的“召”是“寺庙”的意思，也读四声 zhào。例如：

(5)乌审召(zhào)在这方面取得显著成绩。

(6)罗布召(zhào)位于内蒙古。

“召”只在指周代古国名和做姓氏时读 shào。

二二〇 “蜇”在“蜇了一下”“海蜇”中的不同读音

“蜇”有一声 zhē 和二声 zhé 两个读音。

(一)“蜇”读一声 zhē 时，表示：

1. 蜂等用毒刺刺人(或动物)。例如：

(1)孩子的手被蜜蜂蜇(zhē)了一下，哭了起来。

(2)别捅马蜂窝，省得挨蜇(zhē)。

(3)牛为了不被蜂蜇(zhē)，使劲晃动尾巴。

2. 皮肤或黏膜被刺激。例如：

(4)伤口如果抹了碘酒，会被蜇(zhē)得很疼。

(5)切大葱时，眼睛被蜇(zhē)得直流泪。

(二)“蜇”读二声 zhé 时，用于“海蜇”一词。例如：

(6) 海蜇(zhé)是一种腔肠动物。

(7) 妈妈买了三斤海蜇(zhé),准备做汤。

因此,应区分清楚:“蜇了一下”中的“蜇”读一声 zhē,而“海蜇”中的“蜇”读二声 zhé。

另外,“蛰”(zhé)表动物冬眠,用于“蛰(zhé)伏”“惊蛰(zhé)”。“蛰”也用于指人,如“蛰(zhé)居”,指“像动物一样躲藏起来,居住于某地”。

二二一　“挣”在“挣脱”中的读音

“挣”有两个读音:一个是一声 zhēng,另一个是四声 zhèng。

1.“挣”读一声 zhēng 时,常见的用法是用于“挣扎”一词。“挣扎”的意思是“在困境中尽力支撑或摆脱”。例如:

(1) 虽然病得一点力气也没有,但他仍挣扎着坐起来。

(2) 被包围的敌人垂死挣扎,向西突围,被我军打了回去。

(3) 负伤的老王挣扎着走了二里路,回到游击队驻地。

(4) 掉进陷阱里的野兽拼命挣扎,也没跳出来。

2.“挣”读四声 zhèng 的时候,有两个意思。一个是“用力摆脱束缚”。例如:

(5) 他们挣脱了奴隶的枷锁,翻身做了主人。

(6) 老李挣开了绳子,跑了出来。

(7) 绳子被野猪挣断了,它逃进森林。

“挣”读四声 zhèng 时的另一个意思是“努力获取钱财等”。

例如：

(8)他现在首先考虑的是挣钱养家。

(9)这次去南方，你挣了不少钱吧。

(10)通过几十年的努力，老刘挣下一份家业，传给了儿子。

另外，口语中表示“获取面子”的意思时，“挣”也读四声 zhèng。例如：

(11)小李这么做不过是为了给自己挣面子。

(12)取得这次成功后，他们队总算把面子挣回来了。

《西游记》第六十九回中描写猪八戒的动作时说：“那呆子左挣右挣，挣不得脱手。”这里的“挣”是“用力摆脱束缚”的意思，应当读四声 zhèng。如果说“猪八戒挣扎了半天”，其中的“挣”要读一声 zhēng。

二二二　“症”在“症结”中的读音

“症”有两个读音：一个是四声 zhèng，比较常见。另一个是一声 zhēng，见于“症结”。

“症”读四声 zhèng 的时候，指“疾病的情状”或“疾病”。例如，“症状”“后遗症”中的“症”读四声 zhèng，指“疾病的情状”。“急症”“顽症”“不治之症”“对症下药”中的“症”也读四声 zhèng，指“疾病”。

在常用词中，“症”读一声 zhēng，仅见于“症结”一词。“症结”是中医用词，指腹腔内结块的病。但在社会生活中，使用“症结”一词时，多采用“症结”的比喻用法，指问题不好解决的关键。例如：

（1）咱们这里农业生产效率低下的症结在于没有种植最适合土壤和气候条件的农作物。

（2）这个工厂生产搞不好的症结是厂里领导干部的贪腐问题没有得到彻底解决。

“病症”中的“症”读四声 zhèng，“病症”指“疾病”。例如“疑难病症”指“疑难病”。“病征”中的“征”读一声 zhēng，指疾病的征象，如“某些病的病征是发低烧”。

应当注意，“综合征”不宜写成“综合症”。“征”有“迹象”的意思，“综合征”指同时出现的一系列症（zhèng）状。

“症（zhèng）候”指病或病状，总之必须跟疾病有关。“征候”则指“迹象”。可以指病，例如“病有好转的征候”；也可以指其他事物，例如“看不出有下雨的征候”。

二二三 “只”在“只身一人”中的读音

“只”有一声 zhī 和三声 zhǐ 两种读法。

“只”读一声 zhī 的时候，有两个意思。一个意思是“单独的”或“少量的”。例如“只身一人”“形单影只”“只字不提”“只言片语”。

另一个是充当量词，例如：“一只鸟”“一只老虎”“两只眼睛”“一只鞋”“一只小船”。

“只”读三声 zhǐ 的时候，表示限定范围，是副词，相当于“仅”或“仅仅”。例如“只会空想”“只花了三十块钱”“万事俱备，只欠东风”。

有时候，也说“屋里只我一个人”，“签约的只他一家”。这时候“只”隐含了一个“有”字。上面的两个例子可以理解为“屋里只有我一个人”“签约的只有他一家”。

宋代王安石《泊船瓜洲》中说：“京口瓜洲一水间，钟山只隔数重山。”其中的“只”是“仅”的意思，读三声 zhǐ。唐代贾岛《寻隐者不遇》中说：“松下问童子，言师采药去。只在此山中，云深不知处。”其中的“只”虽然也读三声 zhǐ，但意思是“就”，不是“仅”。

《儒林外史》第三十六回中说：“只身一人，又无弟兄。”其中的“只”是“单独”的意思，读一声 zhī。

港澳地区流行的词语“只抽”指“单挑”，也就是单独对打的意思，其中的“只”读一声 zhī。电脑上有时显示的“只读”是“只能阅读，不能修改和储存”的意思，其中的“只”读三声 zhǐ。

二二四 “中间”的“间”怎么读

某电视台的一位播音员把“中间”的“间”读成四声 jiàn，这种读法是否正确呢？

“中间”的“间”一般读一声，但如果把“间”读成儿化音，说成“中间儿”，这时，“间”应读四声，整个词读成 zhōngjiànr（参看《现代汉语词典》）。

这是普通话口语中常见的读法。应当注意，只有当词尾读成儿化音的时候，“间”才读四声 jiàn。

二二五 “中规中矩”的读音和意思

“中规中矩”里的两个“中”读四声 zhòng。“中”读四声时，有“正对上”“恰好相合”这类意思。例如“中标”“中奖”“百发百中”“正中下怀”中的“中”都是这类意思。“中规中矩”中的“矩”读三声 jǔ。

“规”和“矩”是古代校正圆形和方形的两种工具。“规”和“矩”组成的“规矩”表示一定的标准、法则或者习惯、规定。“中规中矩”表示“合乎某种规矩,没有偏差”的意思。例如:

(1)他写的柳体楷书中规中矩,颇有些柳公权的味道。

(2)老李写的公文,向来中规中矩,完全符合公文写作的要求。

(3)刘处长办事,总是按照操作规程中规中矩地做,从来不乱。

“中规中矩”有时也用来形容人做事死板,拘泥于某些规矩,不灵活。例如:

(4)他演唱的这首四川民歌,太平淡了,中规中矩,缺少感染力。

(5)今天送来的这两份报告,中规中矩,缺少新意和典型事例,故而不够生动,说服力较差。请他们重新写。

(6)小李给报纸设计的版式中规中矩,不妨再活泼些。

二二六　“轴”在“压轴戏”中读四声 zhòu,不读二声 zhóu

“轴”有两个读音:一个是二声 zhóu,另一个是四声 zhòu。

(一)“轴”读二声 zhóu 时,常用的意思有:

1. 车或机器上的圆柱状零件。例如:

(1)我自行车的前轴坏了,正在修。

(2)新来的年轻技工会操作数控多轴自动车床。

2. 圆柱状的可绕或卷东西的器物。例如:

(3)奶奶的线轴搁在一个篮子里。

(4)把画轴放在一个布袋里。

3. 做量词,用于卷在轴上的字画或缠在轴上的线等。例如:

(5)陈先生送给我他画的一轴画和他写的两轴字。

(6)柜子里有两轴黑线。

(二)"轴"读四声 zhòu 时,表示演出中排在最后的剧目。演出中最末的一个剧目叫"大轴(zhòu)",倒数第二个剧目叫"压轴(yāzhòu)"。

不过,现在往往把演出中排在最后的精彩节目叫"压轴戏"。另外,"压轴戏"也用来比喻最后出现的精彩事件。例如:

(7)你们的合唱是今天晚上的压轴(zhòu)戏,可要好好准备啊。

(8)这次报告会的压轴(zhòu)戏,是请诺贝尔文学奖获得者莫言演讲。

二二七 "伫立"的"伫"读 zhù,不读 chù

"伫"是长时间地站立的意思。例如:

(1)老先生倚门伫望。(《红楼梦》第一回)

"伫立"也指长时间站立。例如:

(2)衡门犹未掩,伫立望夫君。(唐·孟浩然《游精思观回王白云在后》)

(3)玉阶空伫立,宿鸟归飞急。(唐·李白《菩萨蛮》)

(4)他在杭州岳庙的岳飞像前凝神伫立,思绪万千。

(5)王思玉在窗前伫立沉思。

由于“伫立”是“长时间站立”的意思,因此不宜说“长时间伫立”或“久久伫立”等。

“伫立”的“伫”读 zhù,有人读 chù,是一种误读。“矗立”的“矗”读 chù。“矗立”多用于建筑物。例如:

(6)人民英雄纪念碑矗立于天安门广场。

二二八　“筑”做贵阳别称时怎么读

有人问,贵阳的别称“筑”怎么读。

贵阳在明代先后是贵筑司、贵筑乡,清代是贵筑县,贵阳的别称“筑”便由此而来。

1963 年出版的《普通话异读词三次审音总表初稿》规定“地名‘贵筑’的‘筑’念 zhú”。1985 年修订的《普通话异读词审音表》则规定“筑”统读 zhù。参加了审音表修订工作的徐世荣先生在《〈普通话异读词审音表〉释例》一书中说:“《初稿》审‘建筑’,定‘筑’音去声 zhù,贵州旧县名‘贵筑’则读阳平 zhú。《订本》仍 zhù 音,‘统读’。意在‘贵筑’也念去声 zhù。”

“贵筑”的“筑”现在应当读四声,那么由“贵筑”而来的贵阳别称“筑”也应当根据修订的审音表读为四声 zhù。

《现代汉语词典》(第 6 版)中说,“筑”做贵阳别称时,读 zhù,同时说明“旧读 zhú”。也就是说,过去曾读二声 zhú,现在一般不这么读了。因此宜将做贵阳别称的“筑”读四声 zhù。

二二九　“转”在“转动”中的两种读音

“转”常见的读音是三声 zhuǎn 和四声 zhuàn。

读三声 zhuǎn 时，表示改变方向、形势等，或者把物品等转移。例如，“调转船头”“向右转”“飞机已转方向”中，“转”读三声，表示转变方向；“转危为安”“风向南转北”“转败为胜”中的“转”读三声，表示某种形势的转变；“请您把这包材料转给他”“这封信经过半个月时间才转到我手里”中的“转”读三声，表示物品的转移。

读四声 zhuàn 时，则表示转动，也就是围绕某个中心运动；也表示“闲逛”。例如，“地球围着太阳转”“风车被风吹得直转”“车的前轮怎么不转了”中，“转”读四声，表示转动；“咱们去街上转转吧”“两个人到商场转去了”中的“转”读四声，表“闲逛”。“有个陌生人在门口转来转去”中的“转”表示围绕某个中心移动，读四声；“这个问题在我脑子里转了好几天”中的“转”表示围绕一个中心思索，也读四声。

“向后转”如果是说“方向改为向后”，应当读三声 zhuǎn；如果是说“向后转动、旋转”，则读四声 zhuàn。

由“转”（zhuǎn）构成的新词语比较多见，例如“转轨”“转基因”“转型期”“转制”（转变体制）等。

有时候，说话时故意卖弄词藻，显示有学问，这种情况常被人称为“转”（zhuǎi）。例如：“你就别转（zhuǎi）啦，有什么话快说吧！”“用不着转（zhuǎi）文，直接说吧。”

“转动”的“转”读三声 zhuǎn 时，表示改变方向，读四声 zhuàn 时则表示旋转。

二三〇 “拙劣”的“拙”读一声 zhuō，不读二声 zhuó

“拙”的意思是“笨；不灵巧”。例如：

(1)他的样子看上去很笨拙(zhuō)，没想到编筐子时，手这么灵巧。

(2)勤能补拙(zhuō)，只要坚持不懈，必能成功。

“拙”还是个谦辞，用于指称自己或自己一方的人、事物。例如：

(3)这不过是我的一点拙(zhuō)见，供参考。

(4)拙(zhuō)荆病愈，昨日已出院，勿念。(“拙荆”指自己妻子)

(5)寄上拙(zhuō)作一本，敬请指正。

“拙”读一声 zhuō，有人读二声 zhuó，是一种误读。

二三一 “琢磨”的两个读音各表什么意思

“琢磨”有两种读法：一种是 zhuómó，另一种是 zuómo。

1. 读 zhuómó 时，有两个意思，一是对玉器等的雕琢、打磨。例如：

(1)这是用蓝田玉琢磨(zhuómó)出的动物造型。

另一个意思是指对文章等的反复加工。例如：

(2)文章初稿完成了，但有待琢磨(zhuómó)提高。

2. “琢磨”读 zuómo 时，表示“反复思索”的意思。例如：

(3)对这个难题，他琢磨(zuómo)了很长时间，终于找到了解决的办法。

二三二 “子”是多音字吗

有人问，由于“子”有时在词语中轻读，某小学语文教材把“子”标为多音字，“子”是否为多音字。

多音字指有不止一个读音的汉字。多音字有两种情况。

一种是多音多义。例如：“处”在“处分”中读三声 chǔ，在“处所”中读四声 chù；“重”在“重复”中读 chóng，在“重量”中读 zhòng；“率”在“效率”中读 lǜ，在“率领”中读 shuài；“供”在“供应”中读 gōng，在“供词”中读 gòng；“校”在“学校”中读 xiào，在“校对”中读 jiào；“得”在“得到”中读 dé，在“得三个月时间”中读 děi；“着”在“着落”中读 zhuó，在“着凉”中读 zháo，等等。

另一种是多音同义。例如：“扫”在“扫地”中读 sǎo，在“扫帚”中读 sào；“吓”在“恐吓”中读 hè，在“吓唬”中读 xià，等等。

多音字的产生是一种必然的现象。语言随着社会的发展而发展，记录语言的文字也会相应地发生某些变化。人们不能总是创造新字来适应社会发展的需要，有时也采取用旧字“兼任”的办法来满足表达新义的需求，这样就产生了多音字。

常说的多音字，一般不包括在某些词语中读轻声的字，轻声是语流中的一种音变现象。小学教材中将“子”标为多音字的情况，或许是编者为了帮助学生掌握字的读音，而采用的一种临时变通的做法。

如果将轻声词的读音标示跟多音字的标示区分开来，会更妥当些。